逆轉

由不得你不信

鋼鐵醫師 劉乂鳴 著

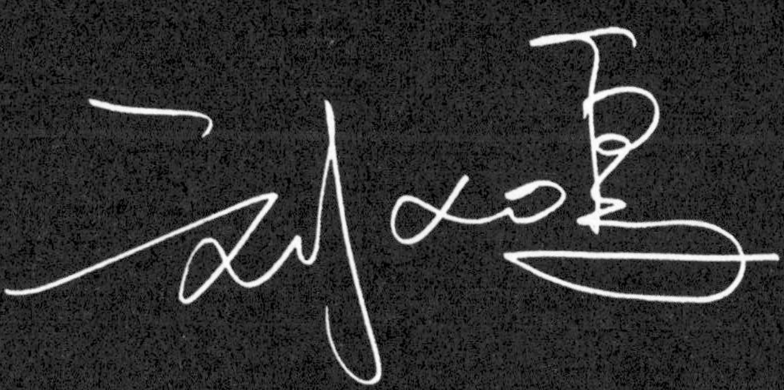

Dr. Liu
這麼說
只做上帝眼中
對的事

年過半百，驀然回首，才發現已經跑出一條筆直的路。之前的崎嶇和高山低谷都過去了。

我不敢說眼前的路平順舒坦，我深深明白未來還是有著挑戰、困難、中傷、抹黑及汙衊等等的事情。

只要你成為領袖，必定會面臨這些狀況，不會全部都是祝福和看好；不過，克服這些後，我們會發現自己的成長。

所有的絆腳石，都會變成墊腳石，讓你更上一層樓。

目錄

Chapter 2
Dr. Liu 青少年／青年時期：
從不愛唸書
逆轉成醫學院入學考榜首的神奇突變

Chapter 3
Dr. Liu 旅美時期：
從完全不懂英文
逆轉成托福榜首的奇葩過程

Chapter 4
Dr. Liu 醫療生涯期：
被醫院解雇，流放醫美
逆轉成「逆轉」神醫不可思議之轉折

Chapter 5
Dr. Liu 事業發展期：
從醫院上班、診所趴診、開咖啡廳
逆轉成全世界獨一無二之「逆轉」中心

Chapter 6
逆轉金鑰權柄來自上帝，逆轉真理建基《聖經》

Chapter 1——

Dr. Liu 年幼時期

從一個過動、頑皮、難教小孩
逆轉成被誤認為神童的青少年

台灣小學時期：

六十名同學第四十五名畢業，卻因為音樂天份成為全校風雲人物

我出生於高雄，家裡的環境雖然稱不上優渥，但也是小康。一直到我十二歲那年出國，都在高雄生長。從小，我就是一個過動坐不住、調皮搗蛋、注意力無法集中、不愛讀書，非常難教的孩子。每天跑來跑去，只想著玩；以現在的狀況來說，搞不好會被診斷為過動兒。看不出將來會有什麼成就，非常平庸的小男孩。

記憶中，我非常討厭唸書寫功課，小時候國語課的回家作業是將生字寫二十次，通常我寫了五個字就不寫了，任由十五個空格留在作業簿上。我討厭寫字，覺得反正寫了五次，我已經學會寫這個生字了，為什麼還要繼續寫呢？不想寫就是不想寫，作業未完成，去了學校也任由老師責罰，我才不

理會這些大人。

相對於我這個不愛唸書，不喜歡寫作業的孩子來說，我的父親劉添珍先生，卻是高雄市立五福國中的優良教師，曾經榮獲全國十大傑出優良教師，還受到先總統蔣公的召見。我的父親如此優秀，為家族帶來這麼大的榮譽，我的哥哥只大我兩歲，學業成績表現優異，在校也是資優生，而姊姊雖然不是資優生，但成績也保持得不錯，乖巧懂事。反觀我這個小兒子，成績不好，調皮難教，貪玩好動。

當然，在我出生成長的年代，老師還是常以體罰的方式管教學生。我這樣的個性，不理會大人的管教，試圖挑戰權威，連老師的錯誤都敢指正；想當然爾，我在學校幾乎天天被老師體罰。從小我就是這樣的個性，覺得錯就是錯，為什麼不能說呢？難道就因為對方是師長嗎？但是在那個年代，老師說的都是對的，怎麼可能錯呢？我們做學生的只能乖乖聽話，怎麼可以挑戰權威？所以，每當我挑戰權威時，就會被體罰。我的兩個臉頰還有屁股，每天總有一個地方是被打得紅腫脹痛的。臉頰打腫了，就換屁股，每天就是這樣輪流被打，臉頰跟屁股紅得像柴山的猴子一樣。我常常疑問，從不覺得自己犯了什麼天大的過錯，但為什麼天天被打呢？

優秀的父兄，撿角的么兒？

到現在我還記得那一次聚會，那位老師的名字和容貌。在某次教師同仁的聚會中，有位老師，當著我和哥哥的面，對父親說：「劉老師，你的大兒子是資優生，這麼優秀，將來一定很有出息……至於小兒子呢，我看，應該是一輩子撿角吧！」懂台語的人，就知道「撿角」是多麼傷人的話；指一個人是廢物，不成材、沒有出息、沒用，甚至是無藥可救。聽完他的話，我的父親很尷尬，無話可說。他想著這位同仁這麼說也沒錯，身為十大傑出優良教師，卻有著天差地遠的兩個兒子。雖然欣慰大兒子和他一樣優秀，可是小兒子呢？難道真是一輩子撿角嗎？自己身為蒙總統召見的優秀教師，有著令人稱羨的榮耀，似乎也教不好小兒子。

對於一個小孩子來說，「撿角」這麼傷人的話，簡直就是貼上了撕不掉的標籤，我小小的心靈難免受到創傷。但同時，我對這位老師的話非常不以為然，他說我「撿角」，反而更激起我的鬥志。我要做給他看，要證明他們是錯的，我沒有那麼糟糕，我可以的！當時的我，只覺得是自己不想唸書；覺得自己如果好好唸書，就算沒有哥哥那麼優秀，但或許不會太差吧。現在想想，我那時候不知道哪來的自信，成績不好，平時的表現實在不怎麼樣，卻可以如此的自我感覺良好。在旁人的眼中，或許可以用病態的自信來描述我。

小時候，我們一班平均有六十個學生，畢業的時候，我什麼獎都沒有拿到，排名第四十五名。我都形容自己只贏過十五個智力有障礙的同學，因為當時的高雄還是鄉下，教育水準和台北還是有著極大的落差。班上有些同學看起來就是學習遲緩、智能障礙，或是弱智；總之，我只贏過這些同學，在智力正常的同學裡面，我是最後一名。我就這樣結束我的小學生活，極其平庸，想想當初被講「撿角」，好像也是差不多的形容詞吧。我的自我感覺良好，一點也不重要，在成績掛帥的前提之下，我根本無法證明自己，沒有人能看得出我有什麼值得稱許的地方。

音樂，帶來自我肯定

話雖如此，成績這麼差，我在學校裡面居然還是個風雲人物，很多人都知道我，是因為我有音樂的天份。我的父親是音樂老師，他在教學上常有創新及突破，所以他教導我們姊弟三人的方式也很有創意。我三歲的時候，父親會用厚紙板，塗上鮮豔繽紛的顏色，然後做出一疊字卡，注音符號、英文字母，還有音樂符號，用這疊字卡教我們認字、認音符和五線譜。隨便抽出一張，就要快速無誤地辨識。

所以我三歲的時候，常常在大人面前表演「識字秀」，答對了父親就會給我糖果餅乾做為獎賞。因為有零食可以吃，我就會更努力地學習和記憶這些東西，我很明白表現得好就有獎勵。這就是我學習的動力，也漸漸發現自己有語言和音樂的天分，我之後的發展和這兩者有極大的關係，感謝父親為我奠定了良好的基礎。

所以在小學時，國語對我來說沒什麼困難，我只是不愛寫字而已。但音樂課，小學其實沒有太多的發揮空間，英文課更不用說了，當時還沒有學英文呢。當時可以把國語說得好，已經很不錯了。總之，因為父親的名氣，加上我對音樂的天賦，我參加了管絃樂隊，以及幼童軍樂隊。只要有音樂就有我，樂器都難不倒我，打鼓、吹號，以及提琴演奏，這些樂器我都可以很快上手。

五年級時，我已經拉到高雄市立管絃樂團的倍大提琴首席了。那是比大提琴還要高大的低音提琴，比我個頭還高一大截，我得踮腳才拉得到，所以還得要墊腳凳才能演奏。我的音感不錯，很快就上手。所以，只要和音樂相關的表演活動或比賽，學校就會廣播我去音樂教室報到。聽到廣播，我不會馬上過去，總是慢悠悠地閒晃，這樣一來，又會聽到教務處再度廣播。每次聽到自己的名字在廣播中響起，我就會有點得意洋洋。因此，大家都漸漸知道有我這號人物了，知道我又要參加表演活動或比賽。

我是個熱愛表演的人，有強烈的表演慾望，從小時候的「識字秀」，到小學時期的各項音樂才藝表演，都奠定了往後我玩音樂、組樂團的良好基礎。對於當時的我而言，讀書不好玩，表演才有趣，叫我坐在教室聽老師上課，不如讓我去練習樂器。對於讀書這件事，感覺到無聊，好像很浪費時間，練樂器更吸引我。不管是練習樂器的演奏技巧，還是排練表演時的走位，都比讀書好玩多了，值得我投入大量的精神心力。很難想像吧！一個在課堂上坐不住，注意力不集中，容易感到無聊，調皮搗蛋的孩子，在音樂面前，彷彿被施了魔法般，可以專心集中注意力，絲毫不覺得無聊疲累。

天才會被誤認為白癡，就是這樣的情況。當師長認為我難教頑劣的時候，卻沒發現我真正的才能。有時候聽老師講課，我覺得自己一下就懂了，因此不想聽課。但老師常常覺得學生聽不懂，所以一講再講。我只是容易感到無聊，不想聽課，就被貼上了壞學生的標籤。而老師們又是如何判定，一個學生究竟有沒有學到東西呢？還是只要一個個坐在台下，保持安靜，沉默不語，就是好學生了？這樣就真的聽懂了嗎？學會該學的知識了嗎？成績真的可以代表一個人的好壞嗎？當時的老師比較沒有能力教導像我這樣的學生，對他們來說，所有的學生都用同一套教學方式就好，一個個就像工廠產線機械化的產物，沒有獨立思考的能力，確保「一樣」就好。

當然，老師們可以用成績質疑我，質疑我沒有學會課堂上所教的東西；小小年紀的我，再怎麼說，也說不贏老師，我永遠都是錯的那個。既然如此，我又何必理會這些大人？老師對我束手無策，當然會跟我的父母告狀，我也免不了父親的責罰。面對我這樣的學習狀況，父母憂心萬分。在父母眼中，上了國中的兄姊從不讓他們擔心，而我——卻是家裡的麻煩製造者。他們甚至會想，說不準哪天我又會給他們製造出什麼天大而不可收拾的麻煩。

罪會生出死來

我的父親在學校專門管教放牛班的學生，還有個外號叫做「閻羅王」，可見他是多麼的嚴厲。雖然他十分愛我，但是愛歸愛，對我的責罰絕對不少。我覺得我比哥哥厲害的地方在於我懂得察言觀色，能躲過大的懲罰，但哥哥不會，他就傻傻的去被重重的處罰。父親覺得他身為兄長是榜樣，更要管好弟弟，所以有時罰得更重。我還記得當時母親給我的零用錢，都被我拿去打電動、打太空彈珠檯了。我打這個遊戲非常厲害，一塊錢可以玩整個下午，累積很多條命，厲害到大家都來圍觀，看我打電動。因為我是常客，店員都認識我，甚至已經打到那台太空彈珠檯為我專用，打完離開時還要把拉桿拆下來，不讓別人玩，儼然是個小霸王。

當時流氓太保常去的彈子房，我也經常出入，跟那些人打撞球。我只剩下沒有抽菸吃檳榔，但已經有了小太保的樣子，什麼壞習慣都會，放學就往這些地方跑。當時家裡的經濟狀況不錯，父母並不知道我把零用錢花在這些地方。他們只察覺我快要變壞，卻不知道怎麼辦？那時的我開始會偷錢了，天天偷媽媽放在抽屜的零錢，被發現後，給狠狠的修理了一頓，但我還是沒在怕，照樣天天偷，天天去那些地方玩。

我已經是慣犯了，越來越壞。剛開始五元十元的偷，可是好像會上癮一樣，越偷越多，無法控制，到最後所有的零錢都偷光。《聖經》上提到：「罪會生出死來」（雅各書一之十五），就是這樣一回事。如果我沒有信仰，留在台灣，大家今天就不會認識逆轉有道的鋼鐵醫師，而是無惡不作的惡棍，幼年的小壞小惡會累積為成年的大壞大惡。每次想到這些，我就會心生感恩，感恩我認識了耶穌，讀了《聖經》，沒有往滅亡的道路走。惡是有罪性的，小惡和大惡都是惡，在上帝眼中，小石頭和大石頭，都會沉到水裡。沒有悔改，沒有拯救，終至滅亡。罪性在當時年幼的我身上，越來越明顯。父母覺得再這樣下去，我真的就會撿角，但他們卻萬般無奈。

巡迴演出，埋下移民的種子

一九七五年，我的父親，帶領中華民國童子軍出國演出，他設計了一套表演，組成「龍鼓花旗隊」，裡面的成員來自北一女、高雄女中、省立女中和建國中學等，由全國各地的優秀學生組成的菁英隊伍集訓，男學生打擊龍鼓，女學生揮舞花旗。我父親設計隊勢，編排動作，搭配音樂，極其繁複華麗。還出版了《鼓號樂隊的組織與表演》，以及龍鼓花旗的相關專著，在當時可是非常知名，提到遊行儀隊和鼓號樂隊，當屬父親培訓帶領的五福國中為全台第一。童子軍是國際活動的機構，中國童子軍就由台灣代表參加世界童子軍大露營。想當然爾，又是五福國中的龍鼓花旗隊代表台灣出國表演，身為副團長的他，帶隊巡迴表演，前往挪威等十五個歐洲國家，十分榮譽。所到之處，登台表演，皆讓觀眾們讚嘆不已，引起全世界的矚目，原來台灣也有如此精湛的演出，獲得滿堂彩。

在這十五個國家的巡迴表演旅途中，我的父親打開眼界，嚮往歐洲，移民的念頭就此種下，影響了往後我們移民阿根廷的決定。當時的父親，也還兼做鋼琴代理的生意，甚至自己開了鋼琴工廠，引進日本的機芯和打擊系統，製作鋼琴的外殼，品牌名稱就是「諾貝爾」。當時的生意做得不錯，但隨著生意穩定，親戚們也入股，進而掏空公司，這門生意就這樣漸漸的垮了。他們是如何掏空的呢？製作鋼琴的工藝遠比傢俱更來得講究和繁複，要做得非常細緻，製造鋼琴的外殼必須是頂級上好的原木。那些親戚，不懷好意，趁著夜半無人之時，偷偷將這些上好的原木搬走，佔為己有或變賣。

一九七七年，我的哥哥即將十四歲，面臨是否出國的抉擇點，過了十四歲，他就無法出國，得服完兵役才能出國了。同年的七月二十五日，賽洛瑪颱風從高雄登陸，對南部地區造成極大的破壞，被稱為「二戰以來台灣最大破壞事件」。我家的鋼琴工廠就是受災戶之一。誰能料想得到，一夕之間，兩百多台準備出貨的鋼琴全毀？這下我們可說是一無所有，父親決定把工廠收起來。

父親當時確實經過了全盤的考量。哥哥再不出國，就要等到服完兵役後才能出去了；眼看我又將變壞，若是繼續待在台灣，我真的會撿角，變成流氓太保……於是，他下了舉家移民的決定。出國前，我們家的財務經濟狀況非常拮据，工廠被賽洛瑪颱風全毀，父親那邊的親戚又掏空公司，留下大筆債務。父親咬緊牙關硬撐，想盡辦法終於把債務還清，這才能順利出國。一家五口，帶著僅存不到二十萬的新台幣，前往阿根廷。然而這一點錢，去了阿根廷，也只能撐幾個月。

我們就是在這樣狼狽的情況下舉家出國的。

很多人會問，為什麼去阿根廷呢？因為當時的歐洲並不開放移民，父親最想去歐洲，他心裡最愛的當然是音樂之都維也納。好歹兩年前去了花都巴黎，還有歐洲十五國，深受歐洲人文氣息吸引，開了眼界。但，我們能去嗎？經過多方探詢，得知阿根廷是拉丁美洲中最歐洲化的國家，首都布宜諾斯艾利斯，被稱為南美洲的花都。確實當我後來隨手拍阿根廷的街頭風情，別人看起來都以為是歐洲。而阿根廷也是歐洲移民居多，所以走在街上，看到的多半都是歐洲面孔。

逆境陶冶品格

父親當時沒得選擇，沒有後路，只能先出國再說。先以旅遊簽證過去，再慢慢補上移民手續。現在想來，我個性中敢衝敢拚的特質，或許是得了父親的真傳。回想一家人初到阿根廷，過得像是三級貧民，人生地不熟，語言又不通，所有的專長完全發揮不了，英雄無用武之地。就算父親在台灣是傑出優良教師，又有何用？到了阿根廷，還不是從零開始。我的母親是個樸實的主婦，在鋼琴工廠掛名負責人，事業垮台後，還受到票據法的牽連……這一路走來的甘苦，出國離鄉等情事，讓她心生怨懟，滿腹委屈自然不在話下。我想，她一定很難原諒那些傷害我們的人吧，長時間鬱鬱寡歡，也導致她的身體健康出了問題。

這段剛到阿根廷的生活，對於我人格的培養，非常重要。我們在阿根廷開過蔬菜水果店、雜貨店，還有中餐外賣店……什麼粗重辛苦的工作都做過。開蔬果店，吃的也是最差的、被淘汰的蔬果，因為新鮮漂亮的蔬果是要賣錢的。在什麼都沒有，極其匱乏的生活壓力下，陶冶了我吃苦耐勞的人格，現在我的抗壓力高，也要歸功這樣的苦日子，淬鍊了我的身心。我們兄弟倆皆是如此，外界不管多麼兇險，我們都不怕。別看我們現在都是醫生，都是高知識份子，但箇中辛苦只有我們自己知道。

在學校的時候，我們常常是被霸凌的對象，倆兄弟必須並肩作戰。打架不能靠拳頭，我們的身材哪比得上吃牛肉長大的阿根廷人？面對他們的大塊頭，每天都是生存的挑戰，靠蠻力不行，得靠智取。感謝上帝，這樣的成長環境給了我很多的恩賜，也因此信了耶穌。

信仰，是人生唯一的光

父母親忙著為生活奔波，我們姊弟三人因此去了教會，教會知道我們的困境，伸出了援手。其實，大家在阿根廷生活都很辛苦，並不寬裕，但弟兄姊妹願意互相幫忙。主日禮拜的時候，姊姊在教會司琴，通常我們三姊弟會一起去，但某次只有姊姊出現，大人當然會問。當時她才十五歲，想也不想便老實回答：「因為他們沒有錢坐公車。」一連搭公車的錢都沒有，只好待在家裡。因此教會的弟兄姊妹才發現到，我們家真的很窮，之前只是聽說經濟狀況差，但沒有想到竟是這樣的差。

會後，教會的弟兄姊妹經討論，打算幫我們做點小生意，讓經濟狀況好一點。共十六個家庭幫助我們，每個家庭資助美金一百元，幫助我們家開了一間小小的蔬果店。直到現在，這一千六百元美金的用途，我都還記得清清楚楚。一千元買下一輛二戰後留下來的吉普車。這輛吉普車非常經典，沒有任何烤漆，只有外殼，沒有內裝，都是鐵片，然後四個輪胎，只有駕駛有坐椅，甚至沒有油壓剎車，而我就是以這輛車學開車的。如果想剎車，必須連踩四下，不能一次踩到底，那是完全剎不住的；用人工連踩的方式代替油壓的剎車，有時候踩得太慢或來不及反應，還撞到電線杆好幾次！事發當下一陣頭昏腦脹，回過神後發現防撞桿凹了、電線桿有點歪，只好默默下車把電線桿扶正，繼續往前開。

兩百元登記了營業執照，剩下的四百元只夠進貨八箱蔬果。進門一看，偌大的店面，只有這八箱蔬果。我們就這樣做起了小生意，生活終於漸漸好轉。也是在這時候，我體驗到原來上帝是這樣祂藉著弟兄姊妹在行動上真心的關懷、愛的表現，幫助我們、照顧我們。這些弟兄姊妹其實自己都不寬裕，卻願意幫助我們；這是我們一家蒙福的開始，我始終感念於心。

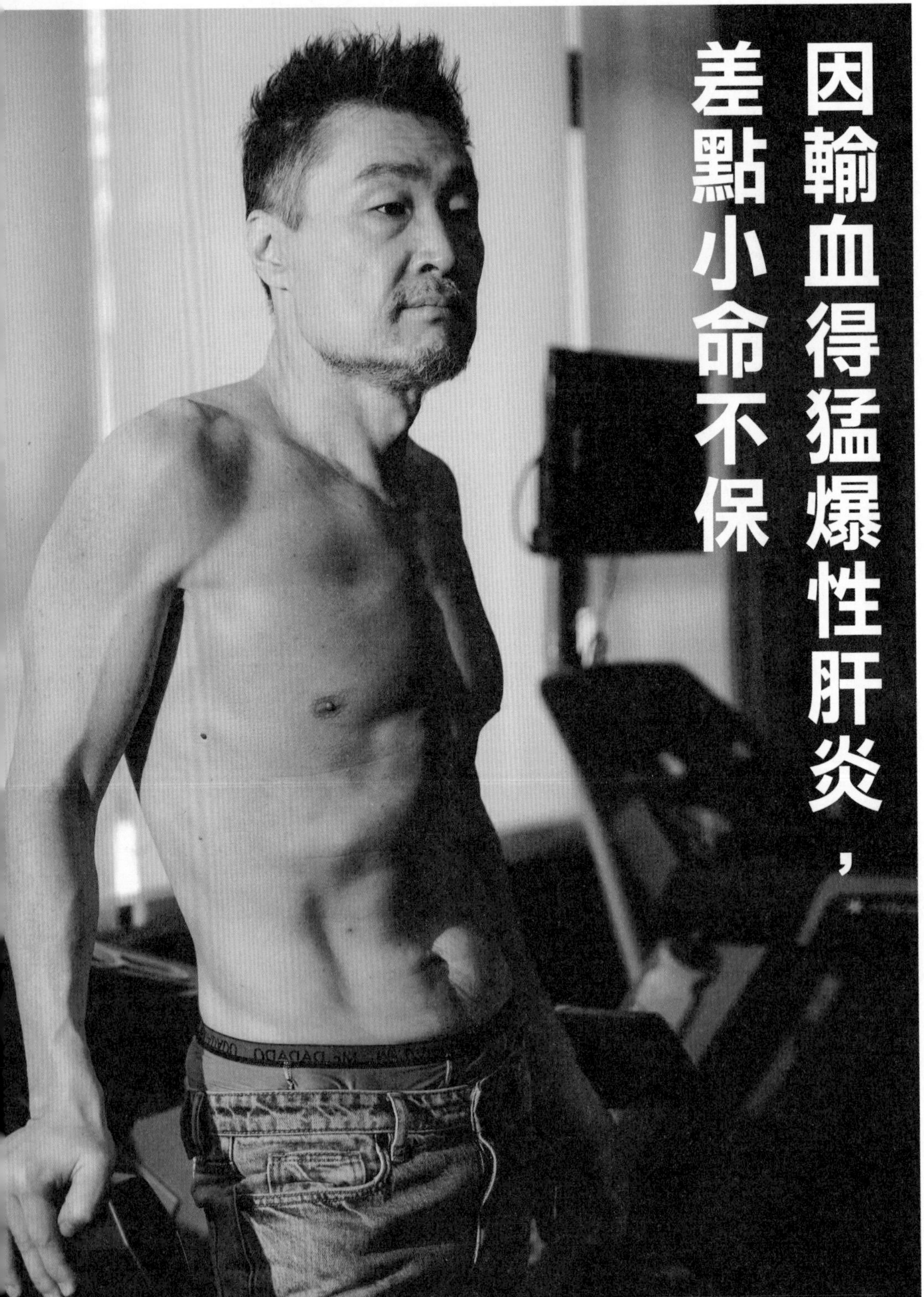

因輸血得猛爆性肝炎，差點小命不保

從小我的皮膚就比較白，小學四年級還在台灣時，被診斷為貧血。當時九歲的我，根本不知道發生什麼事情，怎麼突然診斷出貧血，而且還要被帶去輸血？沒想到，輸血竟成了我厄運的開端。

因為當時血袋篩檢的技術還不成熟，還沒有可以篩檢B型肝炎的技術，所以我輸到的幾袋血，裡面就有非常高濃度的B型肝炎病毒。那個年代的台灣，還沒有疫苗可以打，而因為輸血而得到B型肝炎的民眾非常多，所以成了我們台灣的國病。

因此，我得了猛爆性肝炎。大家都知道，肝病最害怕的就是猛爆性肝炎，是肝炎中的病中之病，嚴重時肝功能指數可以飆升到好幾百甚至上千。一般肝功能正常的人，指數大約三十至五十左右，超過就是紅字。正因為如此高濃度的病毒，所以會摧毀患者一部份的肝，並且無法復原。

記憶中，最嚴重的那次，我的肝功能指數居然飆高到上萬！當時我的臉色比計程車還要黃，我的母親背著我，要去醫院急診，攔了計程車，計程車司機一看，我的臉色比他的車子還黃，嚇得不敢載我，深怕萬一我在他車上出事了怎辦。當時年幼的我只覺得心跳得超快，快到心臟好像要從嘴巴裡蹦出來似的，我以為我可能就會這樣死了。還好後來仍有好心的司機願意載我去急診。

那次我整整在醫院住了四十六天，終於保住一條小命。不過，請了這麼長的病假，創下當時學校的紀錄，沒人像我這樣嚴重到請了四十六天的病假。從此，我就被貼上肝病患者的標籤。我從一個原本健康好動、整天跑跳玩鬧都不會累的小孩，變成體弱多病、體力不好的小孩。我不只是B型肝炎帶原者，而直接是B型肝炎患者。帶原者有病毒，不一定會發作，甚至肝功能指數都是正常的；而病患呢，因為已發病，肝功能指數無法正常。

現在的我，肝功能指數並不是正常人的指數，我一部份的肝已經損毀。就算我現在歷經逆轉，肝功能指數也不會變回正常，肝也不會完全復原，只能恢復到沒有發病前的狀態。這是我成長歲月中，最難忘的事情之一。但我並不會因此覺得自己很弱、身體很差，我不是那種自暴自棄的人。不過，也因為這樣，和我現在進行的逆轉，有很大的關係。試想，當你被判定無藥可醫，無法治好的時候，你會怎麼做？

阿根廷中學時期：因信耶穌開始每天讀經寫日記至今數十年的奇幻之旅

因為信仰，我這個頑劣不受教的孩子，開始逆轉，而且是大大的逆轉。哥哥姊姊的逆轉看不太出來，因為他們本來就優秀懂事，而我，完全像變了一個人。當時我們參加了青少年團契，輔導我們的是一對四十出頭的夫妻，非常關心我們這些青少年，他們鼓勵我們讀《聖經》。雖然我們人在國外，不過讀的卻是中文的《聖經》，這樣也好，中文才不會遺忘。中文的《聖經》文藻優美、內涵豐富，但也不是那麼易懂。然而這次我很聽話，乖乖讀起了《聖經》，整個青少年團契中，只有我最認真。

讀完《聖經》，開始寫日記。雖然在學校上課都是用西班牙文，但中文讀寫也不能荒廢。從幾個字、幾行開始寫，我知道的詞彙不多，慢慢累積。上帝藉著《聖經》開啟我的眼睛、耳朵和心靈，用祂的話教導我。我讀了《聖經》，就想著要如何回應，寫下來……這樣的習慣，直到今天，四十多年沒有間斷過，每天保持四章新約、一章舊約的閱讀，以及日記的書寫。我的求知慾望就是這樣來的，我從以前那個不愛唸書的孩子，變成喜歡讀《聖經》的孩子；從那個不愛寫字的孩子，變成天天寫日記的孩子。

弱智小孩大逆轉

《聖經》是智慧的來源，我的智慧就是這樣來的。要是我不說，外人不知道，我原本在台灣是個毫無智慧，甚至是弱智的小孩。我在阿根廷做過智力測驗，只有八十九，弱智是九十以下，而我就在邊緣。正常人智商是一百至一二〇；而五十或六十左右就是智能有障礙。所以，我真的是弱智的小孩啊，一點也不誇張。

幸好當時的我不懂這些，所以被講撿角，被講平庸也就算了。如果我知道並且在意的話，可能就會自暴自棄，不為人生努力了。有一天當別人覺得我很聰明，資質很高的時候（請注意，我的智力測驗只有八十九，我是個弱智。）是信仰這件事改變了我，給了我智慧的鑰匙，讓我終於開竅了。聰明和智慧是兩回事，《聖經》對這些詞都有註解，例如常識（knowledge）是對於日常生活的理解；進階一些，專業一些，就是知識（understanding）；再進階則是智慧（wisdom），這不是知識和聰明可以達到的，其中更蘊含了道德規範。

一個聰明的人，把聰明用在作惡，那不是智慧；要用在對的地方——作善，才是智慧。基督徒的善不是造橋鋪路，而是做上帝眼中對的事情，這裡面就要包含對人的好，不做傷害人的事情。從小讀《聖經》，大大的啟發了我，我開始願意讀書。我的父母看在眼裡，覺得詫異，讀《聖經》居然會發生這樣的事情！父母做生意，沒時間讀《聖經》，看到以前面對書本不到十分鐘就想跑出去玩的兒子，居然讀《聖經》可以讀一個小時！正當他們擔心我會不會太入迷的時候，我放下《聖經》，開始唸書寫作業。

以往父親一直想改變我，但他總是失望，甚至覺得沒人可以教會我，他束手無策，拿我沒辦法。結果現在我居然主動讀書，這樣的轉變太令他們驚訝！讀《聖經》、去教會，竟有這麼好的影響。我自知這樣的轉變，都是因為讀《聖經》。我熱愛讀《聖經》，渴求上帝的話語。上帝在我小小的心靈中，種下的種子開始發芽。一匹沒有轡繩的野馬，被《聖經》馴服，變得很有紀律。現在的我，最有名的就是紀律。很難想像吧！一個弱智的小孩，是如何逆轉的？只有上帝，只有《聖經》能給我品格、深度、思考、知識和智慧，上帝將這一切都供應給我。

直到現在，我仍然不認為自己有多聰明，我依然日日讀《聖經》，需要祂給我源源不絕的智慧。我的逆轉之道，就是由《聖經》而來，我可以解釋為什麼逆轉和《聖經》有關係，因為這是一條真理的道路。憑藉真理，我知道用藥不是一條路，這需要更高的智慧啟發和啟示，單單憑藉我的腦袋，哪能有這樣的高度和深度？在《聖經》面前，在最高的智慧面前，在上帝的面前，我何其渺小、不值一提？我什麼都不懂，什麼都不是，極其謙卑馴服。

我是個弱智的小孩，我懂什麼？我憑什麼逆轉？因為我知道尋求上帝，憑藉《聖經》，這就是真正的智慧了。智慧不在於智商多高，這些都是上帝所造。連愛因斯坦也只用了百分之六的大腦容量，剩下的部份都屬上帝的大能。沒有這些，我什麼都不是；我還是那個弱智、撿角的人。我信仰的上帝是最棒的上帝，不是刻板印象中那個白髮長鬍鬚、離人很遠的神。

感謝上帝，逆轉弱智撿角的我；感謝《聖經》給我智慧，開啟我的思考。我所有的一切，都歸功於神，阿們！

Chapter 2——Dr. Liu 青少年／青年時期

從不愛唸書　逆轉成醫學院入學考榜首的神奇突變

因為靈修而得智慧、變安靜、開始思考、尋求知識

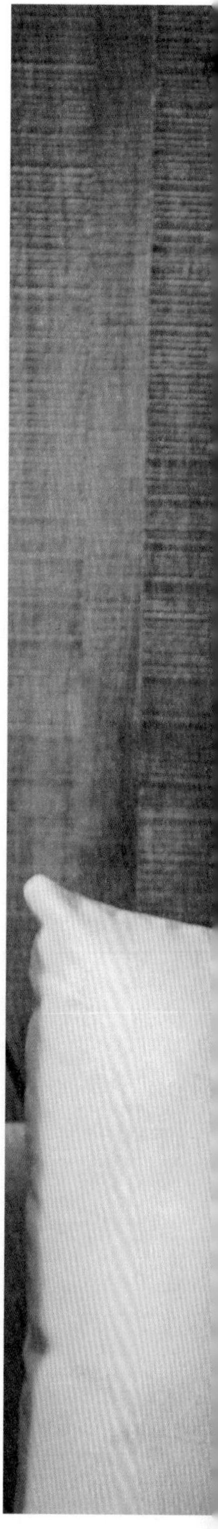

我和哥哥的成長環境背景完全一樣，我們同一天去阿根廷，一起成為基督徒，一起上教會。同一天去美國，又同一天回到台灣，就連讀醫學院，我們都是同學。但我們兩人現在卻有不同的人生遭遇，我大起大落，遭遇的反應及後來的結果，截然不同，或許這其中有個性差異的影響。從小到大，身為資優生的哥哥博覽群書，當時又是樂隊的指揮；而我頑劣難教，不愛唸書，天天被師長責罰……然而誰又能料想得到，現在著書立說、發行音樂唱片的竟然是我！我能以黑馬姿態，跌破眾人眼鏡，直到現在，一路走來，生命的逆轉如此不可思議，皆是上帝巧妙的安排。

每天每日，一早起來，盥洗完畢，我的第一件事就是靈修。很多朋友問我，我是如何在這麼繁忙的生活中，還能保持靈思？保持清晰的思考和判斷？就是因為靈修，閱讀《聖經》，是我靈性的滋養，我靈性的早餐就是讀經。讀完後，我會讓自己靜下來咀嚼、思考、祈禱，將想法寫成日記。而在生活中，凡遇到大小事，我皆會藉由《聖經》，尋求知識，讓我能夠有足夠的智慧和勇氣去面對困境。

我獲得了生命中最珍貴的光、最好的信仰、最平安的生活、最深刻的思考，你也可以。當你閱讀《聖經》，信仰上帝後，終於安靜下來，獲得智慧，開始思考，尋求知識，你會發現你的人生開始逆轉。但願讀者諸君也能獲得這份平安祥和，我願意將我從上帝那兒領受的恩典，分享給你們，願你們也能蒙福。

CENTURY
CENTURY

語言學得快助益頗大，學西文的經驗談：

西文動詞變化複雜難懂卻融會貫通

前面提到，初到阿根廷，全家人語言不通，於是全家開始學習西班牙文。也就是這時候，我才發現我的語感非常好，學會西班牙文的速度非常快。雖然我是弱智，但似乎在語言學習方面是天才。

光去學校學習還無法聽懂西班牙文，回家總得要加緊自修，所以父親買了一套國小二年級的課本，設定了一套學習西班牙文的方式。當時我們家很窮，晚上也沒別的事做，因此晚上就是全家人的西班牙文課堂時間。晚餐後，全家一起背誦默寫一篇課文，父親再出考題，確定大家都背好寫好，才能上床入睡。一本課本總共有六十篇課文，一天要背誦默寫一篇，非常生硬。兩個月就得學完，拚了命也要學會。我那麼不愛做功課的人，還是趕鴨子上架，硬是咬牙苦吞。背完了國小二年級的課本，父親又買了國小四年級的課本，九十篇課文，更長更難了。全家人真是背到近乎崩潰，雖然還不太會聽和説，但至少得先填鴨式的背誦默寫。

西班牙文有非常難發的打舌音，例如一個字的第一個字母是R，或是兩個R出現在字的中間，就要發打舌音。要學説西班牙文，得先學會打舌音，當時的我們還不會説，但又能有誰來教我們發出正確的打舌音呢？因為家人晚上都打地舖睡在一起，有天哥哥聽到我做夢所説的夢話，居然發出了正確的打舌音，那時我才剛到阿根廷兩個禮拜。

隔天醒來，他跟我説起這件事，還問我：「你是聖靈充滿嗎？居然會打舌音了！」我只回他：「喔，很好啊。」他看我淡淡地回答，不死心繼續接著説：「我也想學會打舌音，你是怎麼學會的？」説真的，我也不知道怎麼教他，我也是莫名其妙就會打舌音了，所以只好回答：「這也不是你説會就能會的啊，多祈禱吧，看看會不會聖靈充滿。」

平常我總在街頭巷尾和其他的小朋友踢足球，別人説我犯規，我怎樣怎樣，就這樣吵起架來……從聽他們的訐譙開始學語言。是的，訐譙是學語言最快的入門，要知道別人罵你什麼啊，不然要怎麼存活下去？所以我每天都要踢足球，跟大家玩在一起。當你知道別人罵你什麼後，你才能罵回去，很快地我就獲得了語言的敲門磚。當時才十二歲的我，學西班牙文算是很快的了。雖然在學校老師講課用西班牙文，常常還是鴨子聽雷，課業跟不上，但至少我的數學很強。

繁複的動詞時態變化

西班牙文還有一個部份很難，在於動詞的變化。單字的組成分成字根和字尾，一個動詞有一個字根，但是字尾卻有不同的變化，所以要能掌握字尾的變化規則。隨著不同的時態，就有不同的語法。

首先大致分為四種時態：現在式、過去式、未來式和假定式。每一個動詞都有人稱的單數和複數之別，例如第一人稱複數，第二人稱單數……這樣就有六種人稱的變化。而六種人稱的變化又各具備四種時態，就有二十四種組合。但是，現在式和過去式又各自分出不同的時態，分別為：完成、未完成、超級未完成，以及超級完成；假定式也有一些時態規則。林林總總組合起來，超過一百六十種。換言之，一個動詞，字根相同，卻有著一百六十種不同的字尾。你能想像嗎？光是「走」，這個動詞，就有一百六十種不同時態的表現語法。

我不靠死背，死背沒有用，每個動詞都有一百六十種組合，是要背到猴年馬月？這時候，判斷力就很重要，要學會從上下文判斷該動詞所使用的時態。所以，我並不是全部死背完所有動詞的時態，而是我懂得做出正確精準的判斷。例如過去式包含很多狀況：前十分鐘才剛剛過去的事情、昨天過去的事情、三個月前過去的事情，甚或是十幾年前過去的事情……都是過去式，這中間的時間差異，就是該選擇未完成式，還是超級完成式的依據；一般來說，過去的越久，完成度就越高。有時候，昨天發生的事情，仍會使用未完成的過去式。代久年湮，無從考證的過去；和不久前發生，有跡可循，歷歷在目的過去式，都不是使用同一種時態。

在什麼時候使用過去完成式？又在什麼時候該使用超級完成式？再搭配人稱單數複數，都要精準使用動詞的語態。在阿根廷的國民中學，每年都會舉辦精準使用動詞字尾時態的語文比賽。連從小學習西班牙文的阿根廷人，都不見得搞得清楚動詞字尾的時態，更何況是精準地選出正確答案？而我卻在中學二年級，十五歲那年，參加比賽獲得了全校冠軍，我——贏過了以西班牙文作為母語的阿根廷人。

智商弱智，卻是語感天才

獲得全校冠軍後，我上台接受校長的頒獎，他當時還不知道冠軍是誰，上台後發現居然是華人，合照握手，說了恭喜的話之後，我就下台。結果校長叨唸台下的阿根廷同學：「從小便以西班牙文作為母語，到底發生什麼事情，居然輸給華人同學？而且還是不久前才從台灣來的！怎麼是他搞清楚動詞時態，而你們沒有搞清楚呢？」聽著校長的訓話，全校同學只能默不作聲。

換個角度來看，英文也是這樣，有很多以英文作為母語的人，還是搞不清楚時態。英文的難度在於其他的部份，而西班牙文最難的就是繁複多變的動詞時態，這些還只是規則性的動詞，還有不規則性的動詞呢！簡直要把人逼瘋……而我只是贏在能把時態搞清楚，並運用自如。這時候，我的語言天份，和我的智商是分開的。很多人問我怎麼搞懂的，其實我也不知道，只能說我的語感很強，我就是懂了。語感是種天份，很難教得來，之後，我學語言很快就通，到現在已經發展出我獨有的一套系統，可以學習多種語言，快速上手。

　　我不用刻意強記死背，不需要時時翻查字典。後來我到了美國，學習英文就是用這樣的方式，也是很快就通。連最難的西班牙文和中文，我都能通，更何況是英文？我想，或許和小時候，父親使用字卡教我也有點關係吧。音樂和語音有個共通點，就是要靠耳朵，因為我們要聽音，這非常重要，我的耳朵特別能夠接收音感和語感。

看武俠小說　在歷史老師面前　掰中國歷史

中學時期，我除了讀《聖經》外，另一個嗜好就是讀金庸的武俠小說。每一本我都看過，有同學家裡有全套金庸小說，我們便輪流交換傳閱。當時太迷金庸了，迷到連上課都在偷看小說。

有次歷史課，我正在底下偷偷看以元朝為背景的《大漠英雄傳》（後更名為《射鵰英雄傳》），看得太入迷，連老師走到我面前，都沒有察覺。老師發現我在讀別的書，是他不懂的中文，他問我在看什麼？此時，我發揮臨場反應，開始亂掰，回答：「老師，我在讀中國歷史。」因為這節是歷史課，我就這樣回答他了。

老師哪裡能夠這麼容易被我蒙混過關，他半信半疑接著問：「真的嗎？那你告訴我，你在看什麼朝代的歷史？」我回答他：「老師，你知道成吉思汗嗎？」其實小說中根本沒提到成吉思汗。老師說：「我當然知道呀，非常著名的君王和蒙古朝代。」我接著一本正經地說：「老師，你知道成吉思汗很偉大嗎？他把蒙古的版圖拓展得很大，北到北極，南到印度洋，東到太平洋，西到愛琴海。」老師聽到我這樣煞有介事的回答，兩眼發直，愣愣地看著我。當時不只老師，連全班同學都在聽我亂掰。

反正老師同學不懂，他們也看不懂中文，不知道我手上的是金庸小說。我繼續說為什麼成吉思汗可以攻佔那麼大的版圖，比俄羅斯還厲害，蒙古騎兵是如何地驍勇善戰……總之把所有人唬得一愣一愣，大家都沉浸在我的描述裡面。老師聽完後，稱許了我一番，要我繼續下去，好好讀中國歷史。從此之後歷史課，就變成我閱讀金庸小說的課了。

其實，我哪裡讀過中國歷史，國小就出國，中國歷史是一片空白，所以我的中國歷史都是從金庸小說來的。而且，我藉由閱讀金庸小說，保持我中文的語感和能力。到現在，我寫中文還可以吟詩作對，很難想像我的中文能力其實只有小學畢業，沒有什麼國學基礎。我出國二十多年，卻保持良好的中文能力，就是《聖經》和金庸小說的功勞。所以金庸先生的過世，我非常難過，換個角度來說，我算是受金庸先生的文化教育長大的。可惜現在的年輕人，還有多少人閱讀並喜愛金庸的小說呢？

也許你會問，當時的我，只是國中生，看得懂金庸小說中那些深沉的東西嗎？你別懷疑，我還真看得懂，並且沉迷其中，享受閱讀的快樂。這都是成長的記憶，我沒有跟中華文化脫節，雖然歷史課讀的是阿根廷歷史，但只有兩百年，很快就讀完了。每年都在讀類似的東西，沒什麼有趣的部份。當然也會加入歐洲歷史，但畢竟還是乏善可陳。反而是金庸的武俠小說給我深遠的影響，讓我的中華文化沒有空白和斷層。

有很多人在美國待久了，就會被強勢文化所影響，遺失自己本來的文化，進而同化，中文的聽說讀寫漸漸退步，到最後根本不會，變成外黃內白的香蕉人（ABC，American-Born Chinese）。但我們在阿根廷的華僑，大部份的人還是通曉中文，未曾捨棄遺忘。感謝上帝，在帶領我的同時，也為我保留這麼多重要的東西。祂知道我去國離鄉，必然要有強大的語言能力和天份，保留我的語感，讓我精通外文之餘，還不忘自己的根。

考醫學院與醫學院求學過程

隨著時間推移，很快的，我也要面臨大學入學的考試。說也奇妙，其實一開始醫學院並非我最有興趣的選項，只是因為哥哥早我一年考進醫學院，隔年換我大考。當時我們的家境還是很不好，哥哥買一套唸醫學院要用的教科書要幾百元美金，非常貴，是沉重的負擔；再說家裡好不容易東拼西湊買了書，若是我要念其他科系，又要另外買書，家裡實在沒有辦法供應得起。於是乎，我也就往報考醫學院的目標前進。

而且，哥哥讀過的書都畫好重點，寫好筆記。到現在我讀書都只翻頁，不用另外再做筆記，我的語言能力又比哥哥好，所以只要讀就好，我很快就能讀完。到後來，我們同樣在醫學院，哥哥卻不是我的對手。醫學院的專書又厚又重，沒辦法一下子讀幾百頁。逐字閱讀是來不及的，根本讀不完。就拿解剖學來說，一次就要閱讀消化幾十幾百頁，不然趕不上進度。哥哥讀得非常吃力，他勉勉強強讀完一遍，就要大考段考。反觀我，在大考段考前，

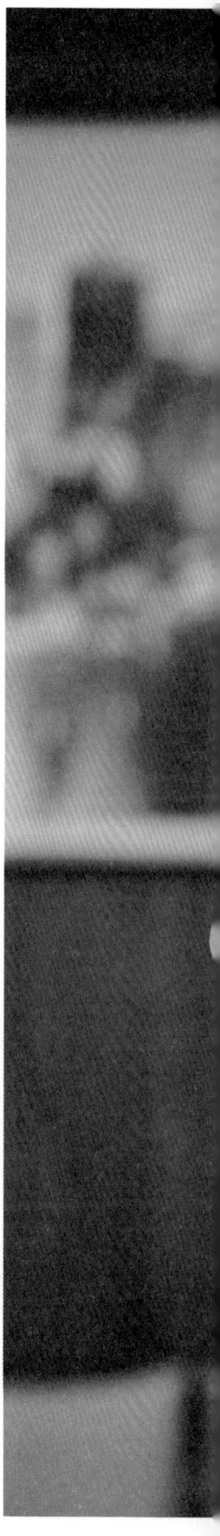

早已讀完三遍。

因為我閱讀的速度很快，不像他幾乎每個字都要查字典，一定要搞得非常清楚。我不一樣，大約讀懂就好，了解大概。反正多讀幾次，也會慢慢懂，有了基本印象，考試就不會太差。這還是和語感有關，讀過後大略知道意思即可，不需要太拘泥文字。所以，乍看之下我好像不怎麼樣，卻能夠贏在終點。逆轉就是這麼一回事，剛開始不怎麼樣，沒關係，只要終點贏了就行。逆轉是很驚險的，不是輕輕鬆鬆，游刃有餘。一開始就遙遙領先，這不是逆轉。我的過程都是這樣神奇，到後來總是我贏。一開始被視為無任何可能和機會，我也從來都不是個優秀的孩子，但最後卻能脫穎而出。

就像金庸筆下的男主角，一開始是個魯蛇遜咖，被人看輕，視若無物，到後來卻大爆冷門，成為英雄豪傑。或許這就是我這麼熱愛金庸小說的原因吧！每個看衰我的人，最後都會後悔。每次打這種人的臉，我就好爽！這就是我的動力。

換個角度來想，酸民是最好的導師，或許我要謝謝那些人的看衰和吐槽，這都是推動我逆轉的助力，我用這樣的心態滋養自己。就像耶穌說過：

「當所有的人都說你好，你就有禍了。當大家都說你不好，你就有福了。」（路加福音 六之二六）人生的劇本有千千百百種，我最愛逆轉的題材；每一次的逆轉，都需要長期的醞釀。

猶太同學的良好影響

阿根廷的學制和台灣不一樣，沒有國中和高中的分別。小學七年，中學五年。所以我的小學在台灣畢業一次，在阿根廷又畢業一次。阿根廷的中學二年級，等於台灣的國中三年級。前面提到，因為開始讀《聖經》，所以我在學業上逆轉，自動自發的讀書，安排學習進度，父母看著我的改變，也漸漸放心。此時我的成績也越來越好，可以在學校名列前茅。因為搬家的關係，我唸了不少學校，我在台灣加上阿根廷的小學，就換了五間，中學五年，我也換了五間學校。最後兩年的中學，我在阿根廷很不錯的明星中學就讀，雖然不是私立的貴族學校，但卻是大部份猶太人集中就讀的公立學校。

猶太人的精明是眾所皆知的，這兩年也是我求學生涯中最重要的時光。和這些精明優秀的同學一起學習，對我起到非常好的影響和幫助。我的同學們家境優渥，尤有甚者，是阿根廷的首富。猶太人就是這樣，極少數的民族，卻有著經商的天分，甚至掌握國家的經濟命脈。這些猶太家庭在阿根廷都是富商，我常常被邀請至同學家作客，有時候是一起做功課，有時候是玩樂。每次都像進大觀園一樣，大開眼界，興奮不已。我還記得有位同學，去到他家之前，要先經過大門，我看著豪華沉重的木門緩緩打開，頂級豪車駛進樹林，卻看不到房子。我問：「你家到底在哪裡？到了嗎？」他答：「不急，那個只是外面的大門，房子還沒到。」沿著車道開十五分鐘，我才看到豪宅。你能想像，進了外面的大門之後，還得穿越一個小森林，才真正到家，可見他的「家」有多大。進門到了客廳後，奢華的程度也超乎想像，偌大華麗的大廳放著八套價值百萬的真皮手工沙發。

我看得呆了，還問他為什麼要放八套沙發。我同學只是淡淡的回答：「沒什麼，喜歡，有錢，就買了。」家裡還有傭人迎接招待，我彷彿受到總統級的待遇。往後，我就非常期待去同學家做功課。現在想想，我家赤貧如洗，卻能在這樣的明星學校就讀，也是不可思議。阿根廷中學的分組也和台灣的高中類似，分成文組、理組和自然組。因為我已決定未來要就讀醫學院，所以選了自然組，學業偏重自然、生物和化學之類的科目，也會加強輔導重點科目。本來是因為家裡要求，選自然組報考醫學院，不過跟這些優秀的猶太同學相處久了，學業的碰撞激盪，讓我對此漸漸有了興趣，找到未來的方向。

阿根廷的大學入學考試不像台灣有學測、統測或指考等多元入學方式；於是乎，考生一開始就得目標清楚，選定要報考的學校與科系，所以只有錄取和不錄取兩個結果。考試的成績也沒辦法申請或分發到其他學校。簡單來說，就是單獨考試招生。南美洲有兩所世界級的頂尖大學，正是阿根廷的布宜諾斯艾利斯大學，和巴西的聖保羅大學。這兩所大學擁有數百年歷史，在哥倫布發現新大陸時建立，遠比台灣大學的歷史來得悠久。想當然爾，布宜諾斯艾利斯大學的醫學院的聲譽，加上公立大學免學費的優勢，肯定很多人報考，擠破頭也要躋身而進頂級學府的窄門。

頂級學府的窄門，有如魚躍龍門

然而，困難的不只是入學考試，更重要的是畢業拿到學位。一萬個人只錄取八百人，但每半年至一年就淘汰一半學生。換言之，入學第一年有學生八百人，第二年四百人，第三年兩百人，第四年一百人，第五年五十人，第六年二十五人，最後第七年能畢業的只剩十二、三人。不像台灣，只要能考進醫學院，七年內若無重大缺失，就可以順利畢業，拿到學位。但在阿根廷不一樣，從入學到畢業，七年的時間，八百人中最多只有十三個人，可以畢業，拿到學位。所以，就算進了頂級學府的窄門，不代表你就可以「全身而退」。

早期我們華僑報考醫學院的人不多，我和哥哥算是極少數考進醫學院的兄弟檔。哥哥本身就很努力，也有密集的訓練，所以考上醫學院是意料中的事情。阿根廷也有類似補習班的機構，練習考古題，重點提示的課程。放榜時，哥哥排名約四百，如願以償。錄取就很不得了了，更何況還是前四百名？全家人開心得不得了，都快放鞭炮慶祝了，孩子終於出人頭地，父母的辛苦有了回報，非常欣慰。隔年，換我考試，雖然當時我的成績維持得不錯，但沒有人看好我，他們覺得哥哥這麼努力，只能考四百名。醫學院的考試那麼難，可是手上見真章的。而我呢？他們都認為我一定考不上吧！

我就在這樣的環境下，再度不被人看好。

說是入學考，只考兩個科目，但其實是大學第一學期的第一次段考，直接把解剖學（Anatomy）和分子生物學（Molecular Biology）的段考或大考題目，作為入學考考題。我們只是中學生，怎麼可能學過這些？只能硬讀、到補習班寫寫考古題。而入學考的分子生物學其實就是細胞學，這兩個科目的滿分各一百，合計兩百分；沒有錄取基準分，總之分數由高到低，從一萬個考生中挑選前八百名。放榜那天，我的解剖學九十九分，分子生物學九十一分，總分一百九十分。你猜，我排第幾名？

答案是四十五名！是的，四十五名是個魔術數字，小學畢業我第四十五名，現在醫學院入學考，我依舊第四十五名。只是小學總人數六十，而醫學院入學考總人數一萬。排在我前面的四十四個人，清一色都是猶太人，他們家境好，頭腦好。換言之，我是華僑中的第一名。

當我高興地回到家，和家人宣布時這個天大的喜訊時，他們卻沒有太大的反應。前一年我哥哥考了四百名，高興得要放鞭炮，怎麼我考了四十五名，卻沒有任何反應呢？高興歸高興，但好像有差別待遇，沒像哥哥考上時那麼高興。不過，再次證明我的逆轉，這樣的表現跌破眾人眼鏡，超乎想像。

醫學院入學考，專家諮詢中

總之，我們兄弟倆在華僑界聲名鵲起，一家有一個進醫學院就很了不起，我們是兄弟倆都進了醫學院。所以有一段時間，不少華人家庭都來拜訪我們。父母帶著想考醫學院的子女前來，登門請教其中訣竅，好像諮詢專家掛號求診一樣，門庭若市，一個禮拜我們要接待好幾個家庭來訪諮詢。我和哥哥輪流招呼，回答他們的問題。我們當然願意幫忙，將我們的經驗告訴他們，重點是我都告訴他們要讀《聖經》。很多父母因此將孩子送來教會，我也非常肯定團契的輔導和陪伴，以及適合讀書的環境氛圍。所以教會在華僑界也有極好的名聲，在教會的孩子們都勤學上進，課業表現優異。但是，我在這群孩子中，最不同的地方在於，我是裡面最用功讀《聖經》的。

到現在，在很多演講的場合，我還會提到四十五名的故事，我是如何從六十個人中的四十五名，躍升為一萬人中的四十五名。這樣大幅度的逆轉，仍得深深歸功於上帝和《聖經》。而我中學這一班，有三十個同學，只有八個猶太同學和我成了醫學院同學，錄取率也很高，我就是班上最高分錄取的。也因此，我更加贏得同學間的尊敬。猶太人的優越感很強，他們良好的出身和優渥的家境，使得他們有自己的小圈圈，我從一開始被排斥，從一個以前被霸凌的華僑學生，逆轉為受到全班尊敬的學生，我沒有丟華僑的臉。我感謝這一切，來自上帝的恩典和逆轉。

愛因斯坦，和魔王級的口試

讀醫學院時，我有個非常要好的猶太同學，從一開始我就對他印象深刻，因為他本人和愛因斯坦長得一模一樣，也是個天才和怪咖。當時的他不修邊幅，頂著蓬鬆雜亂的金色捲髮，戴著他的招牌眼鏡在學校出沒。講到他的招牌眼鏡，那真是經典，我再也沒看過那樣的眼鏡了。他的眼鏡就是兩片圓形的玻璃鏡片，用兩條膠帶垂直黏在額頭上。是的，沒有鏡框，就是膠帶黏著鏡片。最好玩的是，我們看到他，總會感到錯亂，怎麼愛因斯坦來讀醫學院呢？而他的造型，也只有他能駕馭，任何人想要學他那樣，就是醜怪，畫虎不成反類犬。

醫學院的考試皆以口試為主，非常難，難到讓人寧願考筆試算了。因為面對的口試主考官，不是醫學專書的作者，就是赫赫有名的王牌教授。他們隨便問問，就能把學生電得一閃一閃亮晶晶，電到人飛起來，找不到回家的路。所以，現在你知道為什麼每年都會被淘汰一半學生了吧。口試主考官有極大的權力，他們可以當掉你，只需簡單說一句：「我不太喜歡你這樣的回答。」有時候明明沒有答錯，只是回答得慢一點，就這樣被當掉。一開始，我常常因為這個原因被當，畢竟我的西班牙文是後天學來的，有時候組織想法回答慢一點，就被當。

阿根廷人講西班牙文的語速非常快，是所有講西班牙文的國家中最快的，劈哩啪啦一連串的話，有時候根本還來不及聽懂，就得回答。在口試的時候，甚至得搶答，表示準備充份。如果稍有停頓，教授就會認為你沒有熟讀，你的支支吾吾表示你不知道答案。其實我只是在整理思考，所以慢了半拍。還好後來，我逐漸抓到口試的訣竅，當教授問完問題，我就算沒有概念，也要馬上回答：「您所說的這個疾病，分為以下三種狀況，首先第一種……」因為每個疾病都分為三種狀況，藉由幾秒的開場白，做為緩衝時間，讓腦袋飛快的運轉，組織答案。後來，為了改進提升搶答的速度，我還做了許多訓練，包含速讀報章雜誌，把自己的語速加快。

一開始進入醫學院時，也有些基礎醫學科目是筆試即可，但臨床醫學都是口試，若無法克服口試的障礙，就無法畢業。相較我們多數人都懼怕口試，「愛因斯坦」不一樣，他是讓教授怕他。因為每次口試，都是換成他把那些教授們電飛到宇宙，浩瀚無垠。每次他口試完，我們都會笑著問他：「你今天又幫教授上了什麼課啦？」因為他的天才，博覽群書，又能有自己的思考見解，甚至可以指正教授的錯誤，有些教授見了他也要讓他三分。我跟「愛因斯坦」一起唸書的那段時間，正是我知識達到巔峰的時候，每次他考滿分，我至少也有九十幾分，那也是我在醫學院的小小巔峰期。

諾貝爾的榮耀禮讚

另外附帶一提，布宜諾斯艾利斯大學的醫學院為何世界有名的原因，這可以用一個我在馬偕醫院時發生的故事說起。我曾經被一位自以為了不起的外科主治醫師嘲諷過，因為我去美國六年，回台灣擔任外科醫師時已經三十二歲，可是在台灣，讀完醫學院，接受五年外科醫師的駐院訓練後，還不到三十二歲。我第一年擔任駐院醫師時，年紀比我輕的外科醫師，都已是主治醫師。那位台大畢業的主治醫師氣燄高張，在台大攻讀博士，對於還不太會開刀的菜鳥，更不放在眼裡。

那時的我有多菜？打開傷口都還找不到闌尾那樣的菜。他也不是針對我，他是修理所有的人，很多人對他早已不滿。他的刀品不好，開刀時亂發脾氣，把手術刀當成飛鏢亂射。他對我的酸言酸語，我都能忍受，但人的忍耐是有限度的，某天我終於忍不住，回家做了點功課。隔天見了他，親暱的勾肩搭背，他的個子不高，矮我半個頭吧。他很生氣，我是什麼身份啊？也敢這樣和他親暱的勾肩搭背，我說：「某某主治醫師，我聽說你正在攻讀台大博士，我想請問你，台大醫學院在世界醫學院的排名第幾呀？」

他答：「應該很前面吧！」我接著說：「我有幫你做點功課，挺前面的。能進五百大都很厲害，台大一百零八名，真的挺厲害的。」美國都有一百二十間醫學院了，台大還能有這樣的名次，了不起。話鋒一轉，我笑著問他：「那你知道我是哪間醫學院畢業的嗎？」他說：「喔，聽說你不是從什麼鳥國家回來的嗎？」我笑笑回他，阿根廷的確挺鳥的，反正當時是第三世界國家嘛，肯定很鳥。我繼續問他：「那你知道我畢業的布宜諾斯艾利斯大學醫學院，排名第幾嗎？」他想也不想便回答：「應該很後面吧！」

我說：「嗯，比起來是挺後面的，才第三十五名。」他聽完我說的話，臉上一陣青一陣白，瞠目結舌地反問：「怎麼可能？」我就把準備好的資料拿給他看。為什麼布宜諾斯艾利斯大學醫學院的排名這麼好呢？因為我們的教授群，榮獲諾貝爾醫學獎提名就有九位，而得獎者有兩位。提名就很棒了，得獎更不得了。換言之，我每天在學校都可以看到諾貝爾醫學獎的得主和提名者在身邊走來走去，他們還幫我們上課呢。得獎的是研究生理學的教授，他發現了內分泌系統反饋機制。從腦丘到腦下垂體，和不同的內分泌器官，例如甲狀腺、腎上腺或卵巢，都有一個軸心，可以放出訊號，刺激內分泌器官分泌不同的賀爾蒙。但分泌得過多，器官又會反饋回腦下垂體和腦丘，來抑制訊號繼續分泌賀爾蒙。

所以我校的生理學，若是沒學會內分泌的反饋機制，必定死當，因為這是本校之光。布宜諾斯艾利斯大學醫學院的教授是諾貝爾醫學獎得主，反觀台灣大學呢？連半個提名都沒有。這就是為什麼阿根廷這個鳥國家，布宜諾斯艾利斯大學醫學系的排名可以這麼前面的原因。

我們另一位心臟外科的教授 **René Favaloro**，和美國有極大的關係。美國有三大醫學中心，長年保持醫院評鑑前三名，分別是：第一名的約翰霍普金斯醫學中心（Johns Hopkins）、第二名的梅約診所（Mayo Clinic），以及第三名的克里夫蘭診所（Cleveland Clinic）。而克里夫蘭診所的大門一進去，就可以看到一尊半身銅像，正是我們的名醫教授，因為他發明了世界第一例冠狀動脈繞道手術，心臟外科最有名的一台刀。因此全美國的心臟外科醫師，都來到我們學校實習。本校師資強大，由此可見，連美國醫生都要來實習取經。

我校醫學院的附屬醫學中心開刀房，屋頂有個龐然大物，是一台二戰時期留下來的攝影機。所以，在二戰時期，教授們就可以邊開刀邊教學，在教室能看到開刀實況，早在當時就如此的進步，可見我的母校來頭不小，出了很多世界名醫。反觀當時，台大還沒成立吧。能在菁英匯聚的醫學院就讀，謙卑地學習、畢業，在醫療界佔有一席之地，身為校友，我與有榮焉。而我的「愛因斯坦」同學，毫無意外地現在成了阿根廷首屈一指的名醫，卻還是保有他的經典造型。

學校認證的清寒

這就是我所受的醫學院教育，在免學費的公立學校，我們兄弟倆甚至還領過獎學金。為什麼沒有付任何學費，反而還能領獎學金？除了成績優異外，家貧清寒也是主因。學校會派人到家裡拜訪，看看是否真的貧寒需要幫助，而我家連張像樣的床都沒有，在我家所謂的床，只是一塊薄薄的甘蔗板，底下墊著六個蔬果木箱。學校派來的人只看了床，其他地方看都不用看，就知道可以寫報告通過申請，因為這個家庭真的夠窮。

一張床所需要的成本不到五元美金，可見我們的家境不是普通的貧寒，是非常貧寒。因此我們兄弟倆一直維持優異的成績，領了兩年的獎學金；後來沒再繼續領獎學金，不是因為我們成績退步，而是我們家的經濟狀況已經有了好轉，雖然仍不富裕，但是沒那麼窮困了。在當時，雖然獎學金不多，但也實實在在補助了我們部分的學雜費和生活費，能領到獎學金就是一種成績表現優異的榮譽。我們兄弟倆就這樣受了阿根廷的栽培，七年順利畢業。

一九九七年，從醫學院畢業的隔天，我和哥哥隨即動身前往美國。當時父母親已先我們一步前往密西根州的阿姨家，她在福特汽車工廠上班，希望我們全家遷過去。美國是全世界人才聚集之地，有更多的機會和發展。就這樣，我們一家人離開了阿根廷，移居美國。

Chapter 3——Dr. Liu旅美時期

從完全不懂英文逆轉成托福榜首的奇葩過程

「三不四要」英文自學法

到了美國，又要從頭開始學，再次遭遇語言轉換的挑戰。其實我在阿根廷並沒有認真學英文．雖然中學有英文課，可是都不當回事，有一搭沒一搭的，沒有好好學。阿根廷位於美洲南端，離美國非常遠，所以在當地，普遍英文程度也不好，儘管我學過英文，也學法文，但其實都在混。

畢竟西班牙文和義大利文還比較接近，同樣屬於拉丁語系，學起來我還比較快上手。可是英文不是拉丁語系，雖然專業字彙有些類似，可是對我而言，連唸都有問題。英文難在於發音，一個字會有不同的發音。但拉丁語系的發音就很規矩，怎麼寫就怎麼唸，不會遇到不同發音的問題，例如西班牙文的「A」，發音就是「啊」，不會有其他的發音。

當時的我已經拿到博士學位，已經是博士後，我要再回學校去唸英文嗎？我也沒錢去語言學校學英文，況且當時的身份是交換學者，而不是學生，所以沒有學校可唸。思來想去，只好自修。幸好我有語言的天賦，於是

就靠著自行摸索，發展出一套學語言的方法。而這套學習方法，讓我在半年的時間內，托福考了榜首，近乎滿分。當時的托福，滿分約五百七十分，沒有什麼基準分，全因著每次考試的難度不同而改變。

我研究出自學英文的「三不四要」，「三不」是指：不查字典、不背單字，以及不學文法。「四要」指的是：要聽廣播、要看電視新聞、要讀雜誌，以及要讀報紙。看到這裡，你一定滿腹疑問、一頭霧水吧？「四要」很好理解，也常常被用來訓練聽力和閱讀力，但這「三不」和以往我們學英文的方式不同。不查字典怎麼知道字義？不背單字怎麼能讀寫？不學文法怎麼會通順？

我仔細地解說一下我是如何自學的吧！在美國，每天都要開車，隨隨便便每天都會開一兩個小時，所以開車時，我就會打開廣播，這就是我訓練聽力的好機會。廣播的選擇也是很重要的，不是隨便轉到什麼頻道就聽。要聽二十四小時的新聞台，每十分鐘為一個單位，裡面的八分鐘是新聞播報，一分鐘的路況，以及一分鐘的天氣預報。整點和半點時會有新聞提要，十五分和四十五分時，是體育新聞。

所以一直會有人聲對話，這才是練習聽力的好教材，我每天都會聽一個多小時，一開始當然聽不懂，但漸漸的，你會發現你每天聽懂了一些，不會永遠聽不懂。聽不懂就繼續聽，沒有第二個方法，若聽不懂就放棄，那你永遠都不會懂。總之，累積到最後，你會發現自己已經聽得懂大部份了。就像把人丟到語言不通的地方，久了也會懂。所以，只聽音樂電台是沒有用的，一定要聽人講話。

沒有奇蹟，只有累積

「沒有奇蹟，只有累積。」——這一直都是我的座右銘。經過電台的聽力訓練後，終於搞定聽力的問題。其實托福考試沒有想像中的難，聽力考的就是類似的東西，考題是字正腔圓的播報員進行天氣或新聞等各種報導。我每天都會聽天氣預報，怎麼會聽不懂？氣象專有的單字術語，無形中就會了。也會考路況的播報，哪條路幾公里處發生什麼狀況，正在排除，那也是我每天都會聽到的。以上就是我托福的聽力幾乎滿分的原因，都是每天我在聽的東西，講得再快都聽得懂。

常轉播各種體育賽事的體育頻道也很重要。棒球是美國的國球，所以托福也會考，棒球術語更是必考的題目。棒球有兩百多種專用術語，舉凡外野手、內野手、高飛球、犧牲打、一壘安打、紅不讓、刺殺、雙殺，以及守備攻擊……這些都要能理解。因為我每天都聽體育台，當然懂得。有時播報員專訪外籍球員，講話像含滷蛋一樣模糊不清，聽久了也還是能越來越明白他在說什麼。如此訓練之下，連含滷蛋講話都聽得懂了，更別說托福的聽力考題都是字正腔圓的發音。所以我說聽力考題真的不難，我只推薦你聽新聞和體育這兩種頻道。

閱讀雜誌則可以選自己喜歡、有興趣的，例如我喜歡讀財經、體育和汽車雜誌。可以依照你的喜好選擇，譬如園藝、美妝、手工藝或時尚。美國有太多種雜誌，圖書館可以免費借一大堆回家，一本一本看。記住，不要查字典。因為每種雜誌都有專用的語彙，汽車有各種零件的詞彙，財經有經濟數據……看不懂專業詞彙沒關係，只要看上下文，中間用猜的。幾乎每個字出現在不同上下文，只要三次，我就能猜中意思。

我哥哥原本還逐字查字典，整本字典都快被他翻爛。到後來他放棄查字典，直接問我，我這個不查字典的人，儼然成為他的字典。一開始哥哥當然不相信我，就隨便找單字來問，每次問，我每次都答對。他問我怎麼知道的？我說我在雜誌看過，雖然說不出來在哪裡出現，但我看過就有印象。經過他的測試，證明我真的可以不用查字典。我就是這樣累積詞彙的，所以我整本字典都是新的，沒有翻過。他嘖嘖稱奇，不得不承認我這招真的挺厲害。

有一點我得承認，會西班牙文還是挺有優勢的。托福的考題會考單字量，簡單的單字我不會，那些口語化的東西我也不見得知道，所以我這部份的分數比較低。可是，單字會越來越長，只要字母一多，就會偏向專業用語，越專業就越靠近拉丁文，這就是我的強項，因此這部份我能得到的分數超高。我只要稍微用心在幾個字母的單字就好，詞彙的部份我都是這樣搞定的。

文法考什麼？怎麼考？

考托福其實不會考文法，所以我才會說不讀文法。托福考的是語句的結構，就像一棟房子，會有主要基本結構。結構撐起語句，所以考法很簡單，四個選項中，有一個選項的結構有誤，只要挑出錯誤的地方即可。我閱讀完句子，覺得哪裡的語感有問題，感覺很不順，那就是結構有誤的部份。我知道語句有問題，但為什麼是這個問題，我並不清楚，無法解釋，我只知道它錯。因為堆疊不對，每個語言都有結構，中文、英文和西班牙文的結構全然不同，我想可以理解為排列組合的方式不同。

例如中文的時態在前，英文可能在後，可是西班牙文沒有一定的順序，各自有各自的結構排列。例如中文我們不會說「第三章要寫今天」，我們會說「今天要寫第三章」，這就是結構。因為我每天都在聽廣播，所以一聽就知道組合排列不順。這和我們以往要求熟記活用文法，全然不同。一味的教文法、學文法，可是托福不考文法，我只要知道結構哪裡有問題就好。背單字的問題在於單字量太多，光是A，就有多少單字？一直背下去，背到頭髮全白、鬍鬚打結，都還背不到C吧。

美國有位牧師在講道時曾經說過：「一般人在生活中會用到的單字，只有九百個。身為牧師要講道，了不起也只會用到兩千字。」試想，字典裡的字那麼多，你最多卻只需要兩千字。會兩千字，你就具備寫作和出版的能力，水準很高了；既然如此，又何必執著非得要背完幾十萬個單字呢？當然，如果你記憶力超群，過目不忘，想背完整本字典，我也沒有意見。我的作家朋友告訴我，我們平常生活只會使用到三千個字詞，普通人識字量大約五六千字，而她身為專業作家，學會且運用的字詞量，頂了天也不過是一萬字左右，但你知道嗎？《康熙字典》有四萬多字，當代的《漢語大辭典》更多，有六萬多字。我們以中文做為母語的人，難道這幾萬個字詞我們都知道嗎？

我考過兩次托福，一次在美國，一次在台灣，因為托福有年限，不能終生使用。在台灣那次是因為我要考約翰霍普金斯大學公衛博士班，這次就要考作文了。對我來說寫作文不難，畢竟我每天都在寫日記。起承轉合，分段論述的能力也是日常累積而來，所以在考作文的短短半小時內，我以中文的思考模式寫完，獲得滿分。換言之，其實也是只把中文翻譯成英文罷了，要翻成西班牙文當然也沒問題。

剛剛提到詞彙的累積，在平日聽電台和閱讀雜誌報刊中已經完成，所以寫作文也不是難事，我就是這樣處理托福考試。我也和哥哥一起考托福，他就像台灣所有的考生一樣查字典、背單字、做筆記，和寫題目。他的試卷寫滿註記，我的試卷乾乾淨淨。考前，他還說：「我都沒看到你在唸書，你這樣的應考態度是不是很不負責啊？」人家考試可是經過長期準備，好歹也會臨時抱佛腳，考前衝刺一番。

我們開車抵達考場時，進去前，哥哥還說，那來抽考三個考古題吧，以示負責。考三題，我都對了，他說：「看起來你好像還可以吧。」我回答他：「嗯，感覺好像還不錯。」後來他的托福成績五百九十多，已經接近滿分，足以上美國最好的大學，當時他還對我說：「我考了將近滿分，那你呢？你完蛋了吧！」結果，看到成績時，我六百四十幾分。哥哥驚訝得說不出話，下巴都快掉下來了。

我哪裡沒在唸書，準備考試？我每天聽將近兩個小時的廣播，閱讀大量的報刊雜誌，就是在準備呀！連看電視，我都把字幕關掉，這也是練習。哥哥都還要看字幕呢，但字幕常常都是現場輸入，常常會拼錯字。而且看字幕最大的問題是：只要眼睛注意看，耳朵就會關掉，會習慣只閱讀字幕。但是，語言一定要靠耳朵，聽力是非常重要的。我把我的方法告訴他，他本還不相信；到後來，還是靠成績單證明我是對的，才令他心服口服。

知名英語教學機構的肯定

考聽力時，他一直做筆記，忙得不可開交，我倒是老神在在，聽完做答。這就是台灣教育模式與我受阿根廷式教育的差異。我獨創的「三不四要」自學法，也受到國際知名英語教學機構的肯定。上次去該機構發表新書，閒談中我將這套方法分享給總監聽。總監聽完，讚嘆地說：「劉醫師，這套學習法真是不得了，您一定要來我們這裡開課！」我說：「要是這樣教，你們公司會倒吧，哪還有學生要來？」他接著說：「不，我是希望您來教我們的老師。身為語言專家，厲害的人都是像您這樣學習的。」

我的「三不四要」太強大，任何語言都可以這用套方式自學，提升能力。課本其實不好，雜誌是最好的，因為雜誌有很多圖片，閱讀不容易疲乏，看累了隨時可以換下一本。大量閱讀，是很重要的。就像我在阿根廷念醫學院時一樣，在很短的時間內，大量廣泛的閱讀，才能提高效率。要像掃描機一樣，大量快速地掃過。一篇文章逐字細讀，反而沒有效率，吸收不了太多。

雖然我這套模式看起來像懶人學習法，但你知道嗎？最厲害的東西都是懶人發明的，因為他們想要提高效率，節省時間，才能繼續「懶」下去。

關於托福，還有一個小插曲。我當時的女友，現在的太太，就在大學的語言中心打工，正好我考托福就在她打工的大學。她的工作內容，其中之一就是登記每個考生的分數，當她登記到我的分數時感到非常驚訝，我居然能考得這麼好，榮登榜首！我還故意開玩笑問她：「原來妳比我早知道分數呀？該不會是妳幫我偷偷改了成績吧？」她說：「哪有可能？分數都打好了，我只是登記而已。」我太太是個忠厚老實的人，連開她玩笑，她都一本正經。就算在美國當地考的托福，還比海外考得難，但我兩次兩地的托福，都是榜首。所以有時候想想，哪天要是我不想當醫生，還可以用這套「三不四要」自學法進行語言教學呢！

英文不是我的第一外國語，我二十六歲才學英文，在美國只住了六年；但我說英文時，人家都會以為我是美國出生長大的 ABC，因為我不停地聽，學習外國人說話發音的方式，模仿他們說話的腔調。英文、西班牙文和中文，是世界上最多人使用的三種語言。這三種語言我都精通，可以和全世界一半以上的人溝通了。很可惜台灣的語言教育還是停留在傳統的學習模式，其實台灣人是很聰明的，能力很強，又肯吃苦耐勞，但就是輸在語言。當語言成為我們的罩門，我們和別人競爭時就會屈居劣勢。語言能力不好，害怕與人交談，是種限制，因此失去了多少國際發展的機會啊！

一個人的經歷、學歷、經驗、深度、視野和格局，別被外在因素框限。每個地方都有文化上的優劣，截長補短，集合精華於一身。台灣有個缺點，是我一直以來無法認同的，我們的同質性太高，每個人都確保自己要和他人一樣。好像要「一樣」才能獲得接納與認同，「不一樣」就會被排擠，貼上標籤。從小到大，我就是和別人不一樣，我最怕和別人一樣。這個世界最不缺的就是複製品，難道我們的人生也要變成複製品嗎？縱然我知道自己的言論太過新穎、前衛，講出來常常不被接受或喜歡，但我還是要講，我從不在意他人的眼光。若是我今天也和他人一樣，那我身而為人的價值何在？若是我沒有去國離鄉、輾轉遷徙、大起大落，或許至今還是個井底之蛙，沒有辦法像今天一樣，擁有這麼多的恩賜和能力，對於環境的適應能力強大，有如變色龍。

博士後研究員兼「阿美小吃」外送員之艱辛流淚往事

當年我和哥哥拿著J-1簽證前往美國，以交換學者和學術交流的身份，至美國進行博士後研究。美國是個極為重視研究人才的國家，所以我們順利通過學術交流的申請。在我們旅居阿根廷十四年後，如今來到美國，又是個全新的開始。其實，若問我的人生這三個重大轉折，是否都在計劃之內？我必須很坦白的回答：並沒有。連我自己都不知道我會離開台灣去阿根廷和美國，二十年後再回到故鄉台灣。

這一切都是上帝的安排和計劃，我只是順服祂的帶領，按著祂的安排前進。原本，我以為自己會在台灣或阿根廷過完一生；沒承想，經歷三次去國離鄉的遷徙流離，彷彿連根拔起似的，重新移植了三次。每次的連根拔起都經歷極大的辛苦和難以適應，而當我適應完畢，生根茁壯時，卻又再度連根拔起，移植他方。

當年我離開阿根廷的原因有兩個，首先，阿根廷的政經局勢不穩定，老百姓難以維持生計，就算我在阿根廷行醫濟世，也很難改變經濟的困境，只有極少數人可以到大醫院上班，或自行開業，過上好日子。阿根廷也有公民健保之類的福利，所以醫生的薪水不會高到哪去。

再來則是我個人的因素。我在阿根廷有個交往七年，感情穩定且論及婚嫁的女朋友，在她二十四歲那年，因為車禍身亡，還是我親手替她收屍。這件事情發生在我就讀醫學院的第五年，那段時間我陷入極大的憂鬱低潮期，行屍走肉活了大半年，連期中考都沒能去考。漸漸地，我讓自己復原，我告訴自己要堅強起來。照道理說遇到如此重大的打擊，很難七年如期畢業。但我振作起來，也發生很多奇蹟，在最後十個月完成所有的考試，順利畢業。這也是我想離開阿根廷的原因之一，離開沒有她的傷心地，積極準備前往美國的計劃。

神經外科臨床醫師的夢想

前面提到，我又被連根拔起，種在美國。遇到新的生活挑戰，雖然到了美國，但家裡的經濟狀況還是不好，但這還是小事，再貧苦的日子不也都撐了過來？最難的是要打進醫療圈子，在美國的醫療從業人員，分為臨床和研究兩個領域。所以自身條件必須非常優厚，才能選擇臨床。出身背景也很重要，白人優越主義之下，身為白人還會再細分各大醫學院的背景。換言之，有膚色和學校背景的限制。我身為黃種人，加上阿根廷的醫學院背景，這樣的條件是最不利發展的。就算我考過了醫師執照又如何？還是輸人一大截。如果我是白人，普通的醫學院畢業，條件還不算太差。總之，在這裡，我從起跑點就落後太多，根本沒得比。

我想做的是外科的研究，但在所有的科別中，外科是最難進的，因為外科醫師都是醫師群中的佼佼者。我在底特律醫學中心擔任神經外科的研究員，神經外科又是外科中最難進的科別，限制最嚴格。美國有一百二十所醫學院，只有四十所可以收神經外科的駐院醫師，並且兩年才收一位。所以，全美國，一年只有二十個名額。想當然爾，這二十個名額當然留給名校畢業的白人。

雖然我在神經外科擔任博士後研究員，其實也沒有機會可以成為神經外科的臨床醫師，根本不可能輪到我。當時我研究計劃的老闆，是阿根廷神經外科的名醫，他在底特律醫學中心，及伊利諾州立大學芝加哥分校的神經外科，都有合作研究計劃的項目。如此優秀的名醫，一心想成為神經外科的臨床醫師，所以他也是以研究計劃做為跳板。他被稱為「論文製造機」，在神經外科最高等級的期刊發表超過一百篇的論文，卻仍無法成為神經外科臨床醫師；別說是占一席之地，連個普通的發展都沒有。在美國拚搏十多年，最後還是鎩羽而歸，更別提我了。

我的老闆當時還算年輕，不到四十歲，有個女朋友。他每天都在觀察飼養研究用的小白鼠，一個月只有半小時能跟女朋友約會，可想而知，戀情當然告吹。因為小白鼠們比女友重要，不可離開太久。想想也是，哪個女人會想跟他在一起呢？他簡直已經跟那些小白鼠們結婚了吧。就算這麼拚命，卻還是沒辦法成為醫學中心的神經外科臨床醫師。

我跟哥哥都在底特律醫學中心，只是他在內科進行研究。基本上我們沒有薪水可言，經濟狀況根本沒有多大改變。我們一家五口來到美國，幸而父親還有鋼琴調音的工作，他在鋼琴調音修理的技術非常高超，可以把經過大火焚燒後的鋼琴復原，就像新的一樣，他也就是靠著這項技術移民美國。

縱然如此，他的薪水比起美國其他專業人士，還是低了許多。這樣微薄的薪資還要供養我們三姊弟，簡直是不可能的事，於是我們決定開一間「阿美小吃」。

小吃外送員的奔波辛苦

「阿美小吃」，聽起來好像原住民的名字，其實不然，而是「阿根廷去美國」的意思，賣的是台式小吃。我和哥哥做研究的時間還算彈性，可以暫時離開研究室。所以我們兄弟倆輪流配戴叩機（即傳呼機BB.Call），媽媽在阿美小吃接單出餐，我們兼任外送服務。當時阿美小吃開在底特律市郊，離醫學中心還有半小時的高速公路車程。接單後半個小時就要出餐，我們回到餐廳，幫忙外送。外送收到的小費，正好可以做為油錢的補貼。

我最難忘的是聖誕節外送，我們腳踩在冰冷的雪地上，將餐點送到豪宅，看著豪宅內的人穿著燕尾服和禮服，快樂的舉辦著聖誕派對。反觀我們兩個醫生，卻要送外賣。雖然聖誕節會有比較好的小費，但心裡多少會難過，只能臉上保持笑容，眼淚往肚裡吞。我們當作這是上帝給我們的考驗，祂將這些作為我們成長的養份，淬鍊我們堅強的人格。

雖然當時進行博士後研究，幾乎沒有薪資，但我們漸漸認識了醫生及護理師們，有些成為朋友。他們的收入頗為豐厚，醫院會發給他們免費餐券，有時候他們嫌棄醫院餐廳的菜色不好，會將免費餐券送給我們兄弟。其實他們都知道我們的經濟狀況不好，所以也藉此資助我們。

一邊做研究，一邊做外送，一邊準備考美國的醫師執照。當時的我，心中常常覺得懷才不遇，空有一身好本領，卻英雄無用武之地。美國雖然醫療科技發達，但也得借助外來的專業人才。醫學中心不少，除了我待的底特律醫學中心外，連美國三大汽車製造公司的福特，也有自己的醫學中心。這些醫學中心到處獵人頭（Headhunting 或 Executive Search，歐美的人才招聘方式，目的是招聘頂尖人才）。所以，我們在醫院，也常會遇到講西班牙文的人。

有天，我遇到了一個講西班牙文的人，看起來有點東方血統的樣子，聊了一下，他告訴我，他是祕魯人，我瞥見他脖子上掛著鍊墜，是一個「鍾」字。看到我好像懂得「鍾」字，他接著告訴我，他父親是廣東的移民，跟祕魯人結婚生下他，這就是他的姓氏。他是祕魯醫學院第一名畢業的高材生，福特醫學中心，不遠千里去了祕魯，挑選他來到底特律。

美國為了獵人頭，可以開出優渥、令人無法拒絕的條件，被選上的人才彷彿來到天堂般幸福，像是中獎的幸運兒。話雖如此，但我身處競爭激烈，卻又無法大顯身手的環境，總覺得鬱鬱寡歡。在這沒有我期待中的發展，整日埋首研究室，這樣的日子不知道何時才有盡頭。雖然博士後研究員的頭銜令人稱羨，但要是我告訴你，工作內容是什麼，你就不會羨慕我了。

日復一日，枯燥乏味的研究工作

我研究的是頸椎手術的替代材質：當人的頸椎受傷時，必須動手術更換頸椎時，所置入代替頸椎的材質。總共有三種材料可以做為替代：大體頸椎直接移植、自身髖骨移植，以及鈦金屬；當時鈦金屬還是很先進的材質，我所做的就是比較這三者的替代狀況。所以每天我都推著手推車，到X光室推出二、三十公斤的X光片，將一大疊的X光片推到研究室後，我就要開始看片，記錄分析和比較數據。這就是我的工作，索然無味，整個研究室只有我一個人，密閉的空間，連說話的對象都沒有。日復一日，和一大疊的片子為伍，常常我自己問自己：「我到底在幹嘛？做這些有什麼意義？」

哥哥的研究也是乏善可陳，甚至還有點驚悚。我們醫學中心有不少中國大陸來的學者，他們也在等待進入臨床的機會。我們在餐廳吃飯，漸漸認識，就會聊起彼此的工作。有天哥哥說：「我們做的研究好殘忍喔。每天都要抓來一隻流浪狗，放血至死，測量牠的血壓、心跳或體溫等種種數據……」因為哥哥在心臟內科，所以每天都要做這些記錄。狗看到他們，都嚇得腿軟，好像知道自己快被抓去做測試，小命不保。雖然有專門的機構捕捉流浪狗供給研究，但天天殺狗，還是挺不忍心。

中國大陸的學者聽完後說：「你這個還不算殘忍吧。我給你說說我的研究內容吧，我們每天都要挖出一對貓眼睛，進行視網膜的研究。沒有殺貓，只有挖眼睛，挖完後把貓放生。」話雖如此，沒有殺貓，可是貓沒有眼睛，放出去是等死吧，這些沒有眼睛的貓們該怎麼活啊？我們每天用餐的話題大部份都是這些，所以在我們的研究室都會張貼一張一群小白鼠的大海報，上面寫著：「我們對醫學的貢獻，比你們人類還要多。」

這就是我們的生活，過了六年。因著不同的研究計劃和研究論文，會做調整，但大致上都是這樣。我的老闆寫了一百多篇論文，其中我參與了幾個研究。說穿了，這些研究只是累積資歷罷了。不過，也因為有這些資歷，我回到台灣彷佛鍍金一樣，炙手可熱。擁有美國醫學中心的博士後研究資歷，招牌可是響叮噹。所以儘管沒有錢，我們還是咬牙撐了過來，反觀人家神經外科的主治醫師，年薪可達四、五百萬美金，落差有多大。

二十六歲到三十二歲，六年的時間，正是人生的黃金時光。我和哥哥討論後，覺得再這樣下去也不是辦法，不知道什麼何時才能出頭。既然我可以做研究，何不多找些也是研究性質的外快呢？

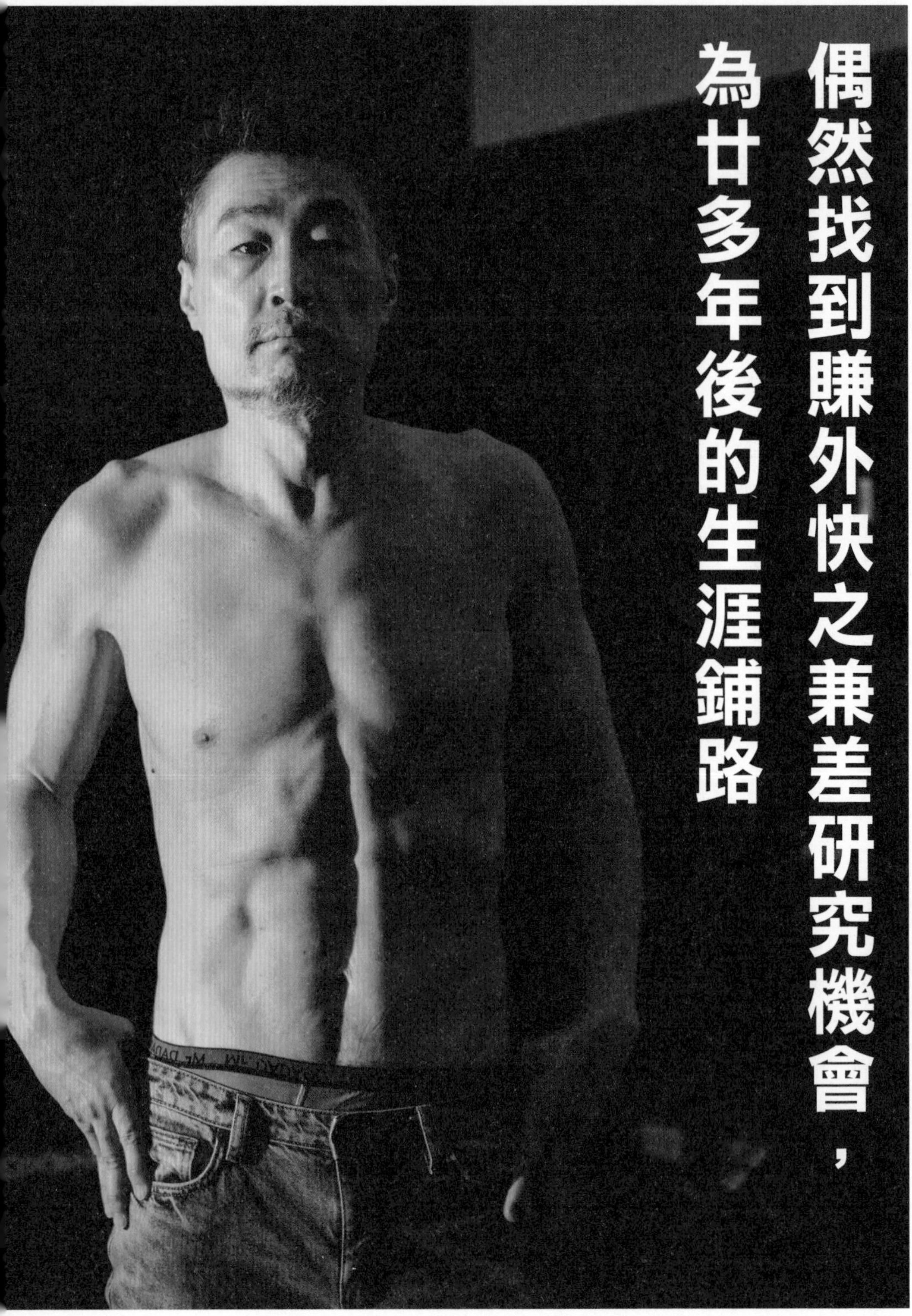

偶然找到賺外快之兼差研究機會，為廿多年後的生涯鋪路

因此，我找到了美國營養品直銷公司的兼職，研究這些營養品，正是埋下我今天進入營養逆轉之道的契機。原本只是窮途末路，不得不兼職的外快，沒想到卻是我人生道路逆轉的起點。

我有學位、有資歷，有稱頭的職銜，可是都無法改變經濟的困窘。父母親沒法給我們太多的幫助，我們只能自己想辦法。上帝奇妙之處就在這裡，我該走的道路，早已預備好。二十六年前，祂就給了我逆轉金鑰。過程雖然艱辛漫長，當時的我也不知道這個可以為我帶來什麼。總之，逆轉的伏筆早就埋下，只等我一步一步照著祂的安排走到位。

讀醫學院的時候，根本沒有「營養」的學科，營養品也一直被認為是吃心酸的，怎麼可能和藥品相比？我們接受的是藥理學的教育，教導我們如何用藥，這是非常重要的科目。而我外科畢業後，才學習開刀。所以醫學院不會教「營養」，經過統計，關於營養的議題，在美國醫學院的教育中，只有七分鐘的時間。是的，你沒看錯，漫長的七年醫學院教育，關於營養只花了簡短的七分鐘。遇到營養相關的題目，都是匆匆帶過，彷彿不值得一提，多講幾句都嫌費浪時間。營養議題被忽略、被看不起，這個議題處處遭到打壓。

由於背後關係著藥業的利益掛勾，就算營養很好，也不能讓人知道。醫學院的教育和藥業有著共犯結構，試想，藥業帶來多大的利潤和商機？若是醫生不開藥，病人不吃藥，藥廠該如何存活？而你更不知道的是，藥廠每年捐助醫學院的金額，是多麼龐大且驚人，是大到你無法想像的數字。但是營養呢？能給醫學院帶來什麼好處？沒有！半點好處都沒有。

明星講師的誕生

一開始，我只是想著在這間直銷公司兼職，賺外快補貼生活費，卻莫名其妙因此有了一席之地。當我接觸營養時，猶如小白兔進入大森林，一切是這麼新奇，且如獲至寶，怎麼有這麼好的東西？而且沒有副作用，又是天然的來源，好多好多的案例證明營養可以逆轉疾病。當時的我花了半年、一年的時間，慢慢深入瞭解營養，因為要寫材料和報告，也要訓練直銷商，幫他們上課。我漸漸成為該公司最紅的明星講師，開始可以領到直銷的業績獎金。主要是我語文能力強，可以同時講英文、西班牙文、中文和台語。自己講完，馬上自己翻譯，演講的內容專業，氣氛卻輕鬆幽默，聽我的演講好像看脫口秀一樣精彩有趣。

因為這份工作，開啟我全美國的飛行紀錄，搭的是頭等艙座位，住的是五星級酒店，吃的是最好的餐點……我所到之處，人滿為患，大家都來聽我的演講，聽完後加入公司，成為我的下線。這段時間是我事業上最風光的時期，當時，每個禮拜五，我都會領到四千美金的獎金支票。在二十六年前，美金還是很大的，一夕之間，我從一貧如洗的窮光蛋，變成缽滿盆滿的暴發戶。我做博士後研究員，一毛錢都沒有，要是能夠領到一千美金就快樂得飛上天了。每週可領四千美金的生活，真的是連想都沒有想過。

後來，我打算不當醫生了，反正出頭之日遙遙無期。我就當明星講師，全美國到處飛，過著愜意逍遙的生活，我的演講只要講我的營養研究報告即可，其他什麼都不用做。真的打算就此終老？當時我住在密西根州的底特律附近，我有個下線是個來自上海的大嬸，她很厲害，就是有本事把講堂塞滿人，然後邀請我去演講。美國地大，所以住得比較遠，但我所到之處，人滿為患，都是她邀請來的聽眾。別看她不過是個大媽，沒讀過什麼書、沒受過什麼教育，但卻有這麼大的本事，召集聽眾，底下的下線眾多，因著她的介紹，全公司有三分之一都是我的下線。

好景不常，就在過了半年每週領四千美金的好日子後，某天醒來，發現支票跳票，公司付不出獎金，倒閉了。就這樣，說倒就倒。因此，我決定回台灣。故事停在最高峰，在我最風光的時候，又突然消失，好像我只是做了個夢，夢醒了一切又是空。禱告的時候，我不禁問上帝，難道我真的沒有賺錢的命？沒辦法為自己和家人帶來衣食無虞的生活嗎？

一通電話，回台灣

我又回到了原本的日子，終日惶惶，不知未來在哪，何去何從。但這次，沒想到卻是一通電話改變了我的命運。某天，因為直銷公司倒閉，我很失落的坐在阿美小吃店裡，和教會牧師的兒子聊天。他和我同年，是我的好朋友，當時在底特律的 Wayne Stata University 念醫學院，快畢業了。阿美小吃的店面非常小，我們坐著聊天時，現場有個台灣太太在等外賣。

原本不以為意，只當她是個等外賣的一般客人。我們自顧自聊著天，心情不好又鬱鬱不得志，討論著看未來還能有什麼發展。正聊到我爸媽在長老教會聽說有位在美國開業的台灣名醫弟兄，不久前被彰化基督教醫院聘回台灣擔任院長。我說：「不知道有沒有辦法連絡上他？或許我們可以回台灣看看有沒有工作的機會，去基督教醫院受訓，就算從駐院醫師當起也行。」

有了想回台灣的想法，但苦無人脈。然而，上帝的恩典無所不在。那位等外賣的台灣太太聽到我們的對話，當下開口說道：「那位是我親家，我回去找電話把聯絡方式給你們，或許可以幫上你們。」原來，這位太太的兒子，娶了院長的女兒。

更奇妙的是，其實她的餐點早已經好了，只是不小心把車鑰匙鎖在車內，引擎還熱著，車門卻關上，正等她先生送備用鑰匙過來。碰巧在等待的過程中，將我們的對話聽了進去。這一切真是上帝的安排啊！要不是她大意關上車門，就不會在這裡等這麼久，就不會聽到我們的對話，也就不會有我回台灣的轉機出現。

上帝的恩典無處不在，祂總是給你意想不到、超乎想像的安排。雖然拿到了院長的電話，我們卻擔心，院長這麼忙，會不會是助理接的，敷衍應付我們了事？這通電話打了會通嗎？總之，先打了再說吧！沒想到，因為是親家，所以她給我們的是院長的私人電話，我哥哥一打，就是黃昭聲院長親自接的電話。回想當時，打越洋電話還很不方便，我們研究了一會兒，電話終於撥通，當我們聽見電話那頭，院長親自接通的聲音後，哥哥簡單說明來意，院長立即問我們兄弟倆要進什麼科？哥哥回答婦產科，我回答外科。院長馬上說：「這兩科目前台灣最缺人，準備好相關的證件，就可以回來了。」一通完電話後，我們立即開始著手處理美國的事務，把車賣了，結束阿美小吃，全家回到台灣。現在回想起來，阿美小吃有我們在美六年來的回憶，結束在美國的階段性任務後，媽媽也因身體出問題，最後罹患癌症離開了我們。

當年這樣的一通電話，逆轉了我們的窘境。感謝上帝，祂給的恩典永遠夠用，感謝祂如此愛我，待我以厚恩。在美國六年，我們學到很多寶貴的經驗，經歷人情冷暖。上帝不疾不徐，有祂為每個人準備的時程表。有的人過於急躁，往往等不及祂的安排，本來美好的人生就毀在這裡。人生若是沒有低谷，沒有高低起伏，沒有挑戰和攻擊，那還是有意義的人生嗎？千篇一律，枯燥乏味，又或者是一帆風順，平步青雲，都不是真實的人生，真實的世界從來不會盡如人意。上帝給了我們這麼多學習的試煉，其中皆有恩典和祝福，為我們預備好未來更大的成就。

Chapter 4——Dr. Liu 醫療生涯期

被醫院解雇，流放醫美

逆轉成「逆轉」神醫不可思議之轉折

搞搖滾樂團而不被續聘

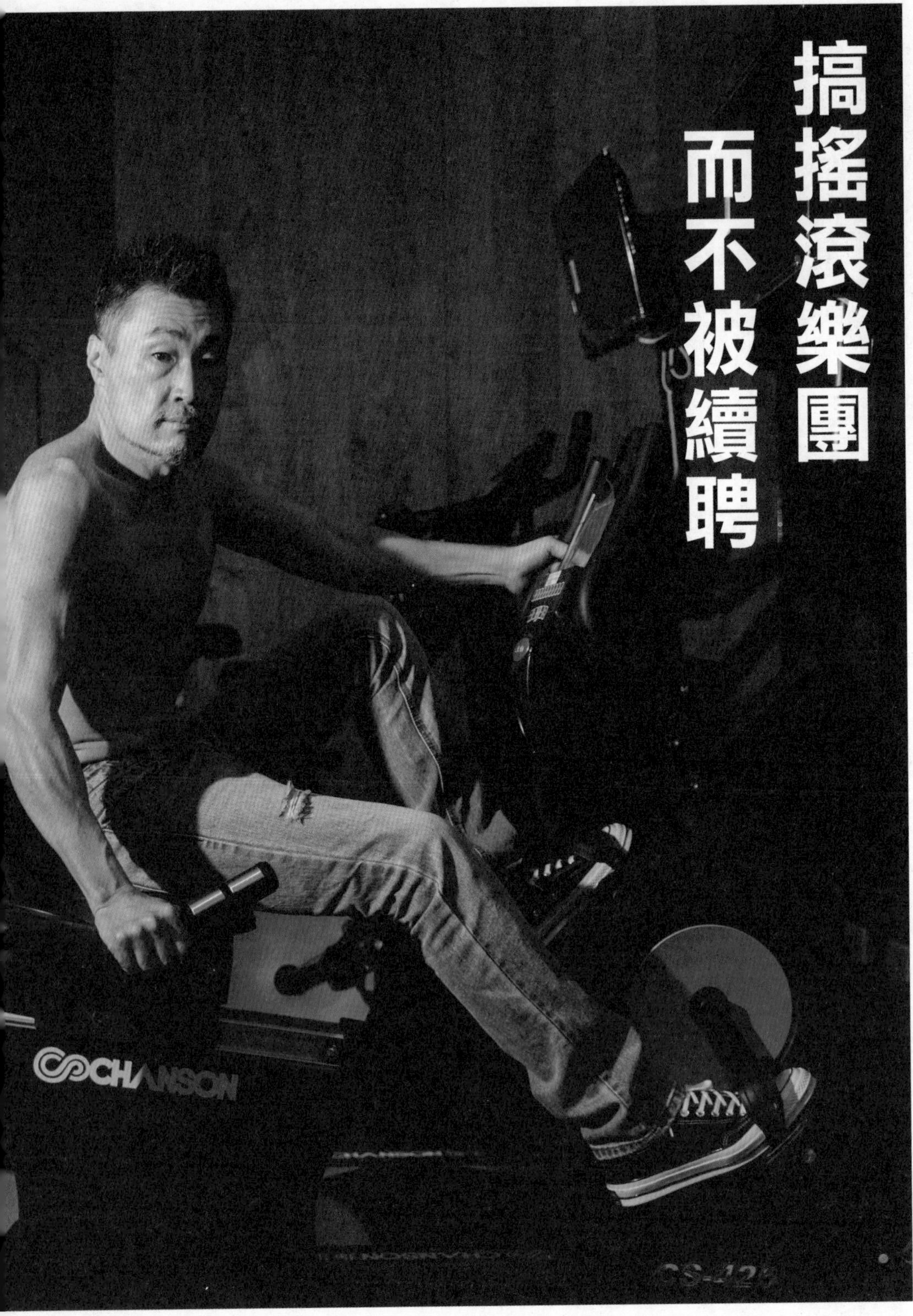

美國的博士後研究工作告一段落後，回到台灣，我終於可以做我想做的臨床醫學。但是，同時也要準備考台灣的醫師考試，當時先落腳在太太台南的娘家。聽説醫師國考不好考，於是我準備閉關苦讀一段時間。不過，苦讀了兩個禮拜，心裡真是悶得慌。兄弟倆跑去醫院逛逛，突然間發現一則公告：「只要在美國通過醫師考試，取得證照，就可以在台灣擔任駐院醫師。」且在擔任駐院醫師受訓的第一年，醫師資格是被承認的。也就是說，有一年的時間可以一邊工作、一邊受訓，一邊準備醫師國考。

得知這個消息，我們兄弟倆喜不自勝，畢竟正愁著剛回台灣，沒有工作，該如何應付生活中的各項開支呢？駐院醫師就是以時間換薪資，每兩天就要值一個夜班，換算下來就是每兩天就得有二十四個小時待在醫院。白天工作，加晚上值班，收入還可以。於是，我們回到台灣的三個禮拜後，就決定去醫院上班。院方得知我們從美國回來，又有美國醫師的執照，高興得不得了，何況本來就缺婦產科和外科的醫師？一時之間，我們變得炙手可熱，奇美、新樓和成大等級的大醫院，都和我們談過聘任事宜，搶著要我們兄弟倆。

後來經過多方評估，我們選了台南市立醫院，這是一間公辦民營，由秀傳體系經營的區域性醫院，總之先去再說。住醫院提供的宿舍，三餐都在醫院的餐廳解決，騎腳踏車上班，基本上沒什麼花費。我還記得回醫院工作的三、四個月，只花了新台幣九千元。因為台南的小吃太棒了，再加上醫院餐廳吃膩了，偶爾打打牙祭，開銷大多花費在小吃上面。因為父母住久了美國，對於新台幣沒什麼概念，乍聽之下，媽媽還問我：「不是吃住都在醫院嗎？會不會花太多了？」我的父母都是節省簡樸的人，所以她以為我花了很多錢；經過我解釋和換算後，她才知道，這三、四個月的開銷，不過三百美金，真的非常節省。

辛苦一年，通過醫師國考

從美國較冷的密西根州回來，到一月份台南的冬天，整個宿舍只有我們兄弟還在開冷氣，說是冬天，但還是覺得很熱，慢慢才習慣氣候的差異。這一年邊駐院、邊準備考試，雖然辛苦，也順利在第二年升駐院醫師的時候，通過了醫師國考，拿到醫師執照。我有個阿根廷的資優同學，畢業後回到台灣，也跟我一起通過國考。我在美國六年，駐院一年，加起來共七年；換句話說，他考了七年才通過。因為他的中文能力不好，所以耗費這麼長的時間。中文考題中的「以上皆非」或「以上皆是」，他常常搞不清楚意思，答案選錯，所以考出來的成績慘不忍睹。

他訂閱小朋友讀的國語日報，從頭開始學起，讀了七年，這才考過。我的中文能力沒問題，所以能一年搞定。說真的，台灣的醫師國考真的挺難的，聽說還有從美國哈佛醫學院回來的高材生，都沒能考過。現在想來，考題莫名其妙，難怪通過率這麼低。有多莫名其妙？我舉例說明好了：3D立體的H_2O（水），H和O之間的角度，是九十度、一百度，還是一百零五度？問這種問題，和我臨床有什麼絕對關係？在美國，醫師執照的考試，就是真實案例，考題問的是什麼疾病？症狀為何？照X光，看了片子之後怎樣？你覺得下一步該怎麼做？如何治療？

考過台灣的醫師國考之後，幾經評估，我決定北上，往馬偕醫院發展，順利報考後也被馬偕聘任。而哥哥去了彰化，當時黃昭聲院長還在，他就到了彰化基督教醫院婦產科。回想我們第一年在台南擔任駐院醫師，第二年起我就到台北馬偕醫院，開始外科受訓。

職場文化的差異與適應

所以接下來，台北市區和淡水的馬偕我都待過，因為分科不同，我兩邊輪流跑。外科之下，還分成許多次專科，例如：肝膽胃腸、乳房、甲狀腺、胸腔、心臟、大腸直腸、神經和整形等等次專科。有的科別在淡水，有的科別在台北市區，我跟著主治醫師，一個月輪一科，學習開刀。這四年的時間都在馬偕，直到外科訓練結束。在台灣，職場文化講究的是做人圓融，腰桿柔軟，尤其在醫院這樣階級制度鮮明的地方，更注重尊卑謙遜。圓融柔軟的人，才能生存下來。

但你們都知道我的個性，我從來不是一個可以為了生存，就卑躬屈膝、逢迎拍馬的人。剛從美國回來，真的不清楚台灣的職場文化，因此常常被找麻煩、被修理、被電，甚至被捅一刀都是常有的事。明明我的上司或老闆，專業不足以令人尊敬，人品不好，能力也不足，要我向他們彎腰低頭，那是不可能的事情。身為土生但不土長的台灣人，十四年的阿根廷生活，六年的美國生活，我還是花了很長的時間，才漸漸適應這樣的職場文化。

「五年級樂團」的誕生

這些慢慢的都會過去，都會變成小事。比較麻煩的是，因為我大部份時間都在值班，不免遇到禮拜日。但身為基督徒，不能做禮拜，是很難受的事情。這時候，突然間發現馬偕醫院的九樓小禮堂，有馬偕紀念教會的弟兄姊妹在此聚會。這樣一來，就算禮拜日我在值班，還是可以到九樓做禮拜。我很快就加入，認識裡面的弟兄姊妹。其中，有幾位弟兄也玩樂器，我們很快地熟稔，並且組成了「五年級樂團」，常常就在小禮堂練團。

我在醫院，因為不諳職場文化，備受「禮遇」，原本就很黑的我，因為組了樂團，變得更黑。其他醫生看到我在組樂團，玩搖滾，更覺得我這個人有問題，頭殼壞了嗎？異想天開，居然組樂團，真是離經叛道。他們都覺得一個外科醫師在醫院組樂團，實在不像話！幸好，我從小到大聽過太多有的沒的垃圾話，早就免疫，不當一回事，不往心裡去。要說就讓他們說去吧，反正我不管，繼續練團，繼續創作音樂。就算當時「五年級樂團」已經有小名氣，甚至前總統馬英九還在擔任台北市長期間，到馬偕醫院參加聖誕樹點燈儀式時，我們就在他的身後伴奏。

一般而言，在醫院值班時，我得隨身攜帶叩機，有急診刀要開的時候，叩機就會響，接到傳呼，我就要進開刀房。而值班忙完的空暇時間，我都會在九樓小禮堂練團，有一次叩機響起時，因為練團的聲音太大，樂器聲蓋過叩機鈴聲，我沒有聽見。渾然不覺的我，繼續練團。當叩機叩不到我，就要往上叩，我老闆就莫名其妙的被傳呼來開刀。當時我的老闆是大主任，他經過九樓時，聽到聲音，知道我還在裡面練團。到了開刀房，護理師驚訝地問：「怎麼是您？劉醫師呢？」主任只淡淡的回答：「劉醫師在彈吉他。」

是的，當然！我又被黑了一次。沒辦法，這本來就是我的錯。或許你會問，主任既然經過九樓，知道我在練團，他為什麼不推門而入告訴我，開刀房找我要開刀呢？但是，既然他人都來了，那就開刀吧，先不講，等秋後算帳。這本來就是我的錯，沒有聽到叩機鈴聲不是理由，我也不會推託，理當接受懲處。有了這回聽不到鈴聲的經驗，之後我將叩機轉成震動，貼身扣在腰上，我想，這樣應該不會漏掉傳呼了吧。

殊不知，我彈的並不是吉他，而是貝斯。彈貝斯的震動，比叩機的震動還大，讓我完全感覺不到叩機的震動。接下來的狀況，我想大家都想得到——我再次漏掉傳呼，之前的事情又再度發生了。這次的「算帳」，當然不若第一次輕微，但我不會推諉。不論我彈的是吉他、電吉他或貝斯，就算把叩機貼身扣在腰上，因樂器的震動過大，沒有感覺到傳呼，這些都不是理由。

「搞樂團」是不被續聘的主因

駐院醫師第三年的任期結束後，通常會升總醫師。當菜鳥開刀不順利時，就要讓總醫師來接手，而不是直接傳呼主治醫師。來到總醫師的階層，就已經具備了豐富的開刀經驗，雖然不是主治醫師，不過也累積了幾百台刀的經驗。第四年，換我升總醫師了，到了第五年，要通過外科專科證照的考試，這是一個重要的關卡，考過了才有資格升任主治醫師。有位和我同梯，都在一般外科工作的總醫師，同時和我一起考外科證照。但當時只有一個主治醫師的空缺。換言之，我們之中，只有一個人可以升任主治醫師。

我的同梯是個人際關係很好的人，他的腰桿柔軟，靈巧圓融又聽話，在這方面贏過我太多。既然我們都能成為總醫師，已無需比誰的頭腦好，比的是「做人」。他是長庚體系畢業的，程度不差，所有人都覺得他一定考得上，簡單輕鬆，如同探囊取物。在他們眼中，我沒在準備考試，都在玩樂團，整天不知道在混什麼，一定考不上。專科證照那麼難考，又有人數限制，況且台灣的醫療圈也有派系之分，我從國外回來，沒有背景⋯⋯。是的，絲毫不用意外，反正我一路走來都是被看衰的。

在台灣考試，通常只有筆試，很少口試。但是專科考試兩者皆考，筆試只是初階的篩選；筆試還算好準備，容易通過。但口試就難了，很多人都敗在口試。但殊不知，我在阿根廷早已身經百戰，被那些王牌教授和醫學專書作者們，訓練得十分出色，口試只是小菜一碟。想當然爾，同梯在口試落敗，未能通過專科考試。反而我的口試分數極高，脫穎而出。這當然是逆轉，所有人都看衰我，看好他。不料最後考過的卻是我，整個科的眼鏡碎了滿地。

科裡的主治醫師，每位都大有來頭，他們都知道這個考試有多難，還私下開賭盤，全部都賭他贏我輸。真不好意思，我的大逆轉讓大家輸了不少。不過，事情哪有這麼順遂呢？後來的發展居然是他升了主治醫師，而我沒升。這在馬偕也是前所未有的案例，一個沒通過外科專科考試的總醫師，居然升了主治醫師。

由十一位主治醫師開會投票，決定讓誰升主治醫師。其實這有什麼好投票的？考過專科醫師的是我，理所當然應該是我升主治醫師；同梯沒考過，不符合資格，他憑什麼升主治醫師？他自己倒是有自知之明，沒考過，哪還有臉講升主治醫師的事情。但，主治醫師們還是開會投票了，九票投他，只有兩票支持我。道理很簡單啊，因為我組樂團玩搖滾，被開除不續聘。就算我通過考試，符合資格也沒用。五年的總醫師生涯，猶如夢幻泡影……是的。我被炒魷魚了。

消息一出，其他同事都很錯愕，因為按照體制和規定，只有我有資格升主治醫師。若是今天我們兩人都考上專科證照，那麼投票決定誰升任主治醫師，還有話說。這背後到底發生了什麼事情？我不知道，也不想知道。六月底，我離開馬偕，得要另謀出路。似乎命運又來幽我一默，跟我開玩笑。

幸好這些事情我碰多了，很快就釋懷。最近看到一篇有趣的文章，提到成功的人，都有被炒魷魚的經驗，譬如賈伯斯曾被蘋果炒魷魚，比我更狼狽。所以，被炒魷魚？沒什麼。

流放醫美的轉折

不續聘的消息一出，我將於六月底離開馬偕醫院。在三月時，有位挺我，投主治醫師同意票給我的醫師，拿了一張小廣告給我看，那是醫美診所要聘任醫師的廣告。他拿給我時，又怕我生氣，只簡單的說：「給你看看，做為參考吧，試試看也好，還是得為了未來盤算。」儘管都有了外科專科醫師的執照，條件好得很，不怕沒有醫院可待。對於他的好意，我沒有生氣，很謝謝他，決定抱著開放的態度去了解「醫美」是什麼？反正一直以來都待在馬偕，也不知道外面的發展，去看看吧。

醫美診所當然歡迎我，如獲至寶一般。院長看了我，對我很滿意，認為我是他的接班人最佳人選，重金禮聘。於是，我談妥三個月後，七月一日到職。六月下旬時，我再度聯繫醫美診所，了解新工作的狀況。不料他們三月和我談完沒多久後，又和另一位醫師談妥，要他來工作，而我就不用去了。竟然一直拖到快到職，我主動問起，他們才告訴我早已找了別人。這是怎樣？好歹該在四月告訴我吧！無奈之下只好鼻子摸摸，繼續另謀他職。

當時又發生了另一件事情令我錯愕——我投資的公司被掏空了。這五年來，我將在馬偕工作的薪資，投資了一間RO逆滲透水公司，當時在桃園地區，有十幾個加水站，公司花了很多錢，一台一台的建置設備。除了加水站，還開了兩間供應水和販賣機器的實體店面，並提供運送桶裝水到公司行號的服務。剛開始運營得還不錯，發展穩定。我從美國回來，個性耿直，容易相信人，不知道人心險惡。公司看到我這個醫師入股，表面上非常看重我，有一套冠冕堂皇的說詞，要讓我擔任公司的董事。於是我簽署了一些文件，直到後來我才發現自己被設計了。總經理掏空公司後，不知所蹤，宛如人間蒸發。身為董事，這才發現公司不但沒錢，還有負債。我的投資總共五百萬，一夕之間化為烏有，又背了公司四百萬的債務……全由我一個人面對這一切。

失業破產買豪宅
「褲袋仔袋磅子」，刷爆六張信用卡付頭期款

我在失業和公司被惡意掏空並負債的狀況下，心情非常差。悶在家裡，某個開完刀的禮拜六中午，沒有值班，可以出去透透氣。想想自己現在真的是「褲袋仔袋磅子」，一貧如洗。磅子可以理解為砝碼，以前的人做交易買賣都用秤子，一端是物品，一端是磅子，平衡之後就知道物品的重量。褲子口袋裝的不是錢，只有磅子，我五年來的努力，沒有就算了，還莫名其妙背債。

窮途末路，極其潦倒之下，我和太太說，出去散散心吧。不知道要去哪裡，在醫院休息室隨手抽份報紙，上面有很多房地產的廣告，心想，那不如去看看房子吧，雖然沒有要買房子，但是就把看房子當作散心，反正代銷公司都準備得很好，有吃有喝，也有禮物。我看到新店區有個案子，在碧潭風景區旁邊，是當時第一棟鋼骨建築的豪宅，那就去那裡吧。一進到接待中心，我就問四、五十坪的單位，口氣挺不小。接待小姐回答四、五十坪沒有了，只剩下九十坪以上的單位。

好啊，看看而已嘛，那就看九十坪以上的吧。說是不買，隨便看看當散步，不過還真是越看越喜歡，看了九個小時。我們先看過一遍，覺得不錯，坐下來吃一頓豪華高級的義大利料理。吃完打電話請岳母過來看，岳母也覺得不錯。我又打電話請姊姊過來看，姊姊也很喜歡。大家看了都很滿意，贊成買下。

嗯，贊成也沒用，想買也沒用，我可是「褲袋仔袋磅子」，拿什麼買豪宅？代銷小姐在旁邊敲邊鼓，我傻傻的沒有看房的經驗，被她巧舌如簧洗腦，她打開窗戶說：「一眼就可以看到碧潭和吊橋，很美吧！」我反問：「碧潭？是哪裡？」她愣住了，問我：「碧潭你不知道？你是哪裡來的？」我據實告知：「我剛從國外回來，所以不知道碧潭是哪裡。碧潭對我比非洲還要陌生。」我以前住在高雄和台南，還真不知道碧潭。她介紹碧潭風景區，是多麼有名的景點。於是我們開始討論價錢，覺得可以接受就簽約吧。

買房子是重要的事情，我一定會問過上帝，怎能隨便草率就買。我們身為基督徒，尋求上帝協助的時候，有件重要的事情，就是心裡是否感到平安。

當時的我，心裡只覺得平安，說不上來，就是種詭異的平安。覺得好像可以，家人都贊成，雖然沒錢，外表故作鎮定，討論價錢。我隨便出價，一坪十七萬。當時這個豪宅建案預計留下三十個大坪數的精華戶，好拉高價錢。沒想到遇到SARS（嚴重急性呼吸道症候群），沒人要買，價錢完全拉不上去。遇到我這個不懂的傻子，開出這麼個價錢，已經是建商的跳樓價了，要是平時，代銷絕對不可能答應。但因為SARS，與其賣不出去，不如忍痛成交。

刷爆卡，買豪宅

回想簽約那天，我後來知道又是代銷公司的話術。代銷小姐指著不遠處的一個阿伯，對我說：「你看那個阿伯，提著麻布袋，裡面都是現金，等著買呢！你不要的話，就被他買走啦。」看我還是有些猶疑，接著說：「我們老闆聽說您是醫生，很高興；但是聽到您的出價，很傷心。」我說：「要不要賣？要的話就簽約，不過我身上沒帶那麼多現金。」最後，我用了六張信用卡，擴充額度，刷了一百萬，作為豪宅的頭期款。當時的我，口袋沒錢，失業又負債，怎麼看都不可能買豪宅，不過心中卻有股說不上來的平安。

這又是一個逆轉。誰會在我這樣的狀況之下買房子，而且買的是豪宅？一般人都會想快點找到工作、規劃還債，哪還有心思買豪宅？你一定會說你才不相信，上帝會讓我在這樣窘迫的經濟狀況，買下豪宅。總之，刷爆信用卡買豪宅，好像也是我劉某人不按牌理出牌的作風吧。後來，我看過川普寫的書，裡面提到兩百個零頭期款買房子的方法，教你如何在沒有錢的狀況下買房，其中一個方法就是刷卡。刷了卡，四十天以後才要開始付款，至少我有四十天的時間去籌錢付卡費。

我沒花任何現金就買房，刷卡買下來再說。很多人不敢像我這樣做，害怕活不下去，而且沒有工作，繳不出卡費怎辦？反正很多的煩惱。不過，卡都刷了，家人也只能乾著急。工作又不是說有就有。誰知道，只是隨便看看，就看了九個小時，就買了豪宅？當時有些朋友還為我擔心，我做了這件事情，一定很快就被反噬，到時該怎辦？

不久後，我找到新工作，就是新店區的耕莘醫院。很妙的是，幾個月前原本要聘任我的那間醫美診所，又回頭找我了。那時因為聘任了別的醫師，該醫師入股後，合作了幾個月卻不愉快拆了夥，現在回頭找我。來不及啦！

我已經和耕莘醫院了簽約，只能說：「抱歉，後悔得太晚了。」然而他們鍥而不捨，一直回來找我，我想了想，就介紹哥哥過去。我跟他們說：「我哥哥和我的條件差不多，只是比我胖而已。」醫美診所那邊聯絡哥哥，洽談之後，覺得哥哥也很好。於是，哥哥敲定好上班日，比我早一步跨進了醫美的領域。當時他在彰化基督教醫院的總醫師和婦產科訓練都已完成，卻沒有打算繼續待在婦產科；就這樣，在陰錯陽差之下，他也來到台北，到長虹醫美診所上班，後來成了我醫美啟蒙的師兄。

置之死地而後生

感謝上帝的安排，這棟位於新店碧潭風景區的著名豪宅，我當年以一坪十七萬的價格買進，後來漲到了一坪五十一萬，整整漲了三倍，也多次幫助我度過難關，得以存活下來。這是上帝的祝福，當我在堅持理想的過程中，它不斷增值，我可以因此增貸，可以活下去，讓一路上的坎坷都能化險為夷，繼續堅持往前行。聽過我這段故事的人，都說我是一個很敢豪賭、孤注一擲的人。一方面的確是，我的個性中有勇往直前的特質，另一方面則是因為上帝，若沒有上帝，我不敢孤注一擲。總之，在當時的狀況下，我知道自己的決定是對的。我的想法和一般人不同，也因此大起大落，載浮載沉，上帝用這棟豪宅養活了我，這是祂愛我，陪伴我度過難關考驗的方式。也證明了為什麼我前面說過，在最不該買房子的狀況下，我的內心卻有說不上來的平安，這是上帝讓我買的，這就是一種逆轉。聽完這些故事，你或許已經發現逆轉的公式，就是將自己置之死地，才有後生的可能。

今天早上，我才讀到〈約翰福音十二之二十四到二十五〉，經文是如此說的：「一粒麥子不落在地裡，死了，仍舊是一粒；如果死了，就結出許多子粒來。那愛惜自己生命的，要喪失生命；願意犧牲自己在這世上的生命的，反而要保存這生命到永生。」真理就是如此，若過於愛惜，反而會喪失。一般人總想著過上安逸、小確幸的日子，不敢冒險，害怕因冒險而失去。這反而是最危險的，因為這樣的人沒有改變的勇氣，失去冒險之後的獎賞。我不是，我很敢「死」，甚至很多時候將自己逼到絕境，也就只有這個時候，才能證明上帝的大能，祂能拯救你、幫助你。祂會在生死存亡的關頭，出手搭救；千鈞一髮之際，將你從死蔭拉出。我有非常多這樣的經驗，因為我知道，只要自己走在正確的道路，我所做的事情是對的，剩下的結果皆有上帝安排。

「死」不足懼，而且我已經「死」過很多次，但死了才能體驗死後的「生」，死後復活的大能。死後不是什麼都沒有，更可能是生命的新開始。一粒麥子「死」在土裡，才會「生」，並結出許多子粒。這是大自然的定律，一顆種子必須先「死」才會「活」，這是真理，若你不相信，你就無法體驗其中的奧妙。

銀行不是人，但它活得比你更久

公司被掏空，我莫名背下四百萬債務……經歷這些挫折，我學到很多經驗。剛搬進豪宅不久的某天，我的岳母坐在客廳看電視，突然間有兩個黑衣人進來。當下我們都懵了，哪來的黑衣人？原來是銀行來貼封條，執行假扣押。因為債務的關係，所以清查我名下的財產，查到新家，上門來貼封條，執行假扣押。剛裝潢好的房子，居然要被貼上封條。雖然房子是我和太太共同持有，但還是要查封屬於我的部份。我當時哪裡曉得什麼是假扣押？搞不懂發生什麼事，就看著銀行貼了封條。還好我可以選擇貼在哪裡，我就讓他們貼在書櫃的後面。

直到現在，我早已還清所有債務，也成了銀行的頂級客戶，但我還是沒把封條撕下來。很多人會覺得貼了封條很晦氣，款項一清償，馬上撕下來。但我覺得這是一個紀念品，是上帝的禮物。當時，銀行的人看我是醫生，跑不掉，也沒有要跑的意思，所以老神在在。我和債務部的人員進行協商，我也得先弄清楚現在是怎樣？我接下來應該怎麼處理？我可以怎麼配合？

因此，我認識了債權部的主管，他是個好人，調查過，也知道我是被設計掏空陷害，他本人有痛風的毛病，我說：「這對我來說，小事一樁，我可以幫你搞定。」也因此我們變成了朋友，我從他那裡學到不少觀念，很多關於理財和財務的問題，我都會請教他，因此從什麼都不懂的財經菜鳥，到現在懂得什麼是融資，如何貸款。例如當時他對我說：「銀行不是人，所以不講人情、沒有人性，一切按照規定行事。銀行不是人，所以不會死，因此你也無法逃債。」是啊，銀行不是人，所以只要不倒閉，它就是永生的。我聽完後，問他這樣講是要威脅我嗎？他說：「銀行沒有必要威脅你啊，你只要好好配合，協商如何還款。」

拜託，我聽話好好配合有什麼用？我就是沒有錢，我就是還不出來啊！你以為我很想欠債嗎？你以為我欠債的日子過得很好，很開心嗎？他回答：「你沒有錢還銀行，但是銀行可以借你，然後你再還銀行。」聽完他這樣說，我豁然開朗，原來還有這招呀！我可以再向銀行借一筆錢，然後分批還款。他說：「你好好配合，銀行看你不會跑掉，還會借你錢。銀行主業不是讓人存款，而是靠放款賺取利息。」是啊，銀行不是人，才不管人情世故，只要你條件符合，信用良好，它很樂意借你錢，畢竟它要的是利息。

信用不是人，但它越養越好

所以就算現在沒事，我也會借款「養信用」。我身邊的朋友還問我：「你到底在幹嘛啊？又不缺錢，幹嘛還要向銀行借錢？」我借錢是因為要「養信用」，要維持信用良好。大家要知道，銀行不是借給缺錢的人，而是借給有信用的人。平常不好好養信用，等到哪天你真的缺錢時，銀行也不見得會借你錢；就算借給你，利息也不會優惠。所以，每次我看到醫院佈告欄，有醫師優惠利率的信用貸款，我都會收集起來，有空就打打電話、貸貸款。我就是這樣「養信用」，每期應該繳款的時間到了，準時還款，從不拖延。漸漸的，你會發現，信用越養越好，利率越來越低，從百分之八，變成百分之六，再降低到百分之四，之後又會更低。身邊的朋友發現我越來越厲害，變成理財專家，有房貸和信貸相關的問題，都來諮詢我的意見。

我就會教他們如何養信用，又要養多久，可以借到多少錢，可以優惠多少利率……這些都是我從負債這門課學到的。從負面的角度來看，的確我被欺騙、被設計、被掏空，被惡意陷害，以至於負債。但不能總是看著這些負面的影響，讓自己陷溺在情緒中，要痛定思痛，既然付了學費，就要好好學習，完成功課。只要學到經驗和教訓，就不會覺得學費太貴。我現在都這樣認為，錢可以被騙，但不能被騙卻沒學到東西，不能不完成功課。反正被騙已成了既定事實，但沒有學到經驗，不是虧大了嗎？至少你不會被騙第二次，你會越來越成熟有經驗，人說「三折肱而成良醫」，不也是近似的概念嗎？

所以到後來，不管我借多少錢，銀行都願意借。我願意付利息、養信用，現在成為銀行最歡迎的客戶，享受不少禮遇。譬如平常開車要開到洗車保養場，但銀行願意幫我開去洗車，我只要坐在銀行吹冷氣、喝咖啡，和主管們聊聊天，等車洗好開回銀行。其實銀行願意提供這些服務，畢竟賺了我不少利息，洗個車不算什麼，又不是天天讓他們洗。銀行可以給予頂級客戶的服務很多，只要你錢借得夠多，信用夠良好。

豪宅買完變學霸

就讀約翰霍普金斯大學博士班

我在二〇一七年十一月，上了TVBS的節目，成為看板人物，至今只不過短短十五個月的時間，點閱率突破一百萬。今天早上想起自己在節目上曾經講過，為什麼去唸約翰霍普金斯大學的博士班，不過當時只是略提而已。但是，唸這個博士學位，又是我人生中另一個重大的決定。前面提過我在馬偕時，被就讀台大博士班的那位主治醫師電得很慘。前面只略略提過他的「刀品不好」，但沒有仔細說明。他常常亂罵人，把手術刀當作飛鏢亂射，護理師都不想跟他工作。我們進開刀房必須經過全身消毒，刷完了手，戴上無菌手套，什麼東西都不能碰，確保全程無菌。所以在開刀房的開刀醫師，旁邊都會有「刷手護士」，主要的工作是遞器械或手術刀。

但器械和手術用具非常多，每個都有專屬名詞，若是沒聽清楚，遞錯了。那位主治醫師馬上就會發脾氣，抓著器械或刀具就亂丟亂射。你一定會問，難道這樣亂丟亂射，不會弄傷刷手護士嗎？當然會傷到人啊。所以要

摸清楚開刀醫師的「刀品」，免得不小心被射到或受傷。這樣，你就知道他刀品多差、多討人厭了吧。台大畢業又如何？台大醫學院的博士又如何？我看他的專業不過爾爾，也不懂得尊重別人，總是以為自己最了不起。

前往世界第一學府攻讀博士

某天，我看到約翰霍普金斯大學醫學院博士班招生的訊息。當時我還在馬偕醫院，雖然快要離職了，但一直以來受了該位主治醫師那麼多氣，我想著，台大博士班很了不起嗎？那我也報考約翰霍普金斯醫學院吧。台大，台灣最大而已，有本事就讀個世界最大的吧。約翰霍普金斯有三個世界第一：第一個第一，是我前面提過的美國醫學中心評鑑，長年蟬聯第一，保持二十五年以上的紀錄。第二個第一則是醫學院，和哈佛大學的排名不相上下，伯仲之間。第三個第一，是公共衛生研究所的排名，永遠第一，哈佛大學總是第二。我就是公共衛生研究所畢業的醫療政策與管理博士。現在的副總統陳建仁，是和我同個研究所的流行病學博士，所以是我的學長。而曾提出要參選美國總統的候選人——前紐約市長麥克・彭博（Michael Rubens Bloomberg），也是傑出校友。我們學院的全名是約翰霍普金斯彭博公共衛生學院（Johns Hopkins Bloomberg School of Public Health），因為彭博捐了兩億美金給我們學院，所以加上他的姓氏。

一位是現任副總統，一位是美國總統話題參選人，都是我的學長和傑出校友。反觀台大的傑出校友呢？當然，我不是瞧不起台大，也不是一桿子打翻一船人，只是那位主治醫師動不動就搬出台大的學歷，盛氣凌人，我只好提出例證。就拿彭博來說吧，他擔任了十二年的紐約市長，非常厭惡抽菸，所以他在任時，紐約的菸價全美最高，每包還得加上一塊至一塊半美金的稅，成功讓吸菸率直線下降。他的財產富可敵國，他的彭博有限合夥企業，是一個以財經新聞、全球商業和金融數據為主的跨國集團，有電視台和新聞媒體聯播網。看到他姓氏後面的berg，就知道他也是猶太人。我以前在阿根廷的猶太同學，姓氏後面都是berg，所以太好辨認了。

當時，約翰霍普金斯彭博公共衛生學院的醫療政策與管理學系，首次招收國際在職博士班，來報名的人都是執行長等級的菁英。我後來出來自己開醫美診所，所以也是執行長。我的同學是彰化基督教醫院的院長，底下有六千名員工；我和哥哥合開醫美診所，底下雖然只有六個人，但我也是院長，所以都是CEO。我的學校挑選台灣作為第一個海外國際班，要的是台灣醫療界最優秀的人才，必須是菁英中的菁英，只限三十個名額。想當然，一定很多人搶著報考，因為我的國外資料最完整，所以資料送審時，以第一名錄取，後來更成為第一屆的班代表。

因為是海外國際第一班，學校極其重視我們這群來自台灣的菁英，所以政治性質的晚宴必不可少，我們全班都要和校長、院長、所長、系主任，以及王牌教授群等學校高階代表共進晚餐。飯後致詞，學校高階代表們都要依序致詞一分鐘，最後才是班代表致詞一分鐘。前面提到，台灣人就是輸在語言，所有的同學都苦於語言能力不好，一番討論後，公認只有我能上台致詞，除了我，真的沒人有流暢的外語能力，所以推派我進行致詞。這是我最能發揮的時候，我的語言能力強大，自然不做他想。晚宴一開始，我們還不知道要致詞，所以我可說是臨危受命，連草稿都沒有，即席發表一分鐘致詞。

我簡單的介紹，我們是一群來自台灣醫療界的菁英，我們不會丟學校的臉，也希望未來我們能以良好的表現，替學校爭光。讓台灣的醫療更進步，使更多民眾受惠……總之就是這類的話。致詞完畢，在場所有人起立鼓掌。雖然只有短短一分鐘，但這一分鐘非同小可，致詞場合的等級很高，我的表現得體，也展現了菁英的水準。所以我後來也成了班代表，其實沒做什麼事情，基本上就是語言溝通的橋樑。這些事情開了我的眼界，認知到世界第一學府，果然名不虛傳、非同小可，裡面人才輩出、臥虎藏龍。得以進入全世界公共衛生學院的最高殿堂，我要更加謙遜，虛心學習。

我花了十年時間畢業，因為是在職班，所以常常要台灣美國兩地飛來飛去，上課、交報告，以及寫論文。有好幾年的過年，我都在美國上課。那時我的經濟狀況還不是很好，仍然辛苦。我光是學費就花了超過六百萬新台幣，這還不包含學雜費、機票，以及食宿等種種開銷。這世界第一學府的黃金文憑，我可是拚了命才拿到的。當初以為繳繳學費，隨便唸唸就可以畢業，誰知道這麼硬！完全沒有混的機會，要憑真本事才能畢業，所以我的畢業論文寫了平衡計分卡的研究案例，整整全英文，厚厚的兩百五十頁，重量級的著作。

我變成了學霸，當時的我還不知道，這深深影響我後來的醫療生涯。

離開馬偕醫院後，我來到耕莘醫院。在馬偕時，我是外科專科醫師，但來到耕莘醫院，卻擔任外科重症加護病房主治醫師。一般外科和外科重症不同，於是在此接觸到重症醫療。雖然我不喜歡重症，這不是我想做的；但為了生活，有房貸和債務的問題要處理，還是只能接受。

踏進醫美的領域

三年後，哥哥希望我轉職醫美，所以我進了長虹醫美診所。兩個月後，我出來開自己的醫美診所，這又是另一個奇幻之旅的開始。一般醫生哪有像我這樣，起起落落？組樂團、失業破產，身無分文買豪宅、唸博士……大家都求平穩安逸的生活，只有我始終不穩定。我總是不容易滿足現況，穩定的收入並不是那麼吸引我，我寧可不穩定，但一直增加的收入。說來容易，做來難。尤其我又曾經被炒過魷魚，自行創業開了美塑診所，天真地以為有實力就有客源，進入一段黑暗期。整整三十個月零收入，也就是說，收入只夠支付診所的開銷，房租、醫療耗材，及人事成本，我們兄弟倆沒有收入。

不過，這三十個月也讓我們練就一身本領。我在醫美領域的經驗和功力，爐火純青，什麼案例都做過，沒有案例難得倒我。甚至到中國大陸發展了四年，每個月都要抽出一個週末的時間飛去做醫美。這些在我之前的著作《笨蛋！問題都出在醫美》已經提過，有興趣的讀者可以延伸閱讀。可是，我對醫美卻越來越失望，我覺得醫美只是做生意，真正幫助造福的人卻很少。真的可以讓人回春，變年輕嗎？真的可以讓人更美嗎？我到現在的答案，還是否定的。但，還是非常多人聽信，趨之若鶩。反正微整，又不是動刀，傷害不大。我不滿意只賺錢，卻沒辦法讓世界變得更好。我的內心還是期望可以幫助更多人，幫助真正需要幫助的人。所以，我決定離開醫美，計劃佈局做點別的事情。

Chapter 5——

Dr. Liu 事業發展期

從醫院上班、診所趴診、開咖啡廳

逆轉

成全世界獨一無二之「逆轉」中心

如獲至寶

五十一歲才發現自己是Multipotentialite多重潛能人格

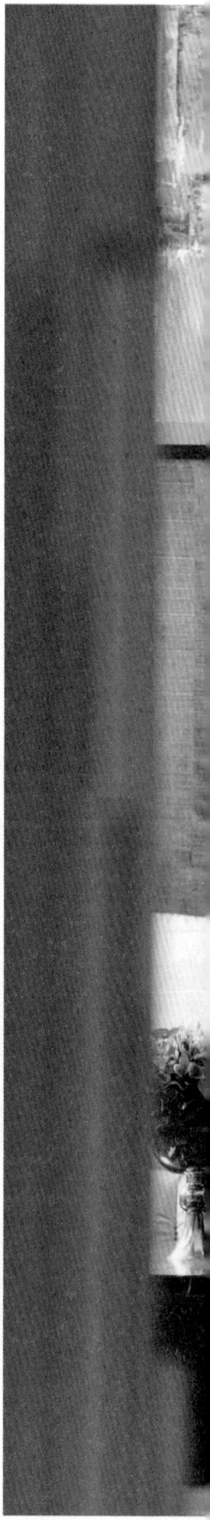

大約兩年前，我看到TED（Technology, Entertainment, Design，即技術、娛樂、設計的縮寫）頻道的一個演講，主題就是「Multipotentialite」，多重潛能人格，也可翻成多重天分（天賦）人格。這是一種對人格的描敘，聽到演講時，我將重點註記下來，這類型的人具有以下的特質和同義詞：影像式記憶，如同掃描機。還有一個詞，稱作「文藝復興人」，其中最具代表性的人物就是達芬奇，台灣大多翻譯為達文西，但根據義大利文的發音Leonardo da Vinci，比較正確的翻譯應該是達芬奇。

我們可以看看達芬奇的特質，他在繪畫、音樂、建築、數學、幾何學、解剖學、生理學、動物學、植物學、天文學、氣象學、地質學、地理學、物理學、光學、力學、發明及土木工程等領域都有了不起的成就。很難將他限定在一個特定的專業領域，他的繪畫藝術作品都非常有名，具備文藝復興時期的特點，不論男女都肌肉分明，例如廣為人知的《維特魯威人》，就是肌肉、身體線條，和比例完美的男子，也看得出他對解剖學非常了解。

身為外科醫師，當然精熟解剖學，所以換個角度來說，達芬奇也算是外科醫師吧。雖說是「多重天分」，但達芬奇表現出來的不僅僅只是天分；有時候講天分，是指略通或熟知。但從他的例子，我們可以知道那不是略通或熟知，而是極高度的專業。平時低調，不顯山露水，但一出手就是令人驚嘆的作品。這類型的人，以達芬奇為代表性人物。所以，當我聽了演講後，才發現自己是這樣的人格。我到五十一歲才發現，非常驚訝。這類型人的優點是：例如聽到一個概念，或學新的東西時，可以很快就抓到重點，學得很快，容易上手，並且非常專業。我在學語言的時候，就是這種狀況。對於一個創意的發想，我經過思考後，也能歸納出重點精要。還有適應力強，我經過二十年的移民生活，需要強大的適應力，我到每個新環境都能適應得很好。

缺點則是容易拖延，例如交報告，或是執行案子時，常常趕在截止日。因為想做的事情太多，又太容易上手，所以同時做很多事情。也常常有了開頭，卻很難結尾，因為喜歡的東西太多了，又做得都很棒，所以做到一半就無疾而終，跑去做其他更有趣的事情。而現在的教育，卻要求人從小到大，只專心做一件事情和發展一個專業。但對於這種人格特質的孩子來說，很難約束框限他們，他們的人格特質根本不受拘束，而其實也不該拘束他們。很多人不了解，會說你現在玩這個，玩了兩三年，玩得好好的，怎麼又要跳出去做別的事情？因為我們很快上手，很快就掌握訣竅，於是容易膩，容易感到無聊，自然會想去做別的事情。所以，我小時候之所以被認為難教，就是因為這樣的人格特質。

還有幾個代表性的人物，譬如愛迪生，這種天才型的人，他們會在早期被認為蠢材或白癡。再來，一般人會認為應該要有極高的成就，但前面提到容易上手，所以也容易感到無聊，於是反映出來的就是成就一般般，不見得有多大的成就。像我就是這樣，照理說，我有那麼多的天分，今天應該會有極高的成就，地位應該也很高吧。但這都是「應該」，事實上卻又沒那麼高的成就。很有創意和創新的點子，像我從來就不缺乏好點子，總是源源不絕，沒有枯竭過。可是，台灣的教育並不支持這樣的發展，所以我的小學生活過得很不適應，常常被修理。可是事實上，我總覺得那些老師教的東西也很普通啊。所以到了阿根廷，彷彿長期被拘禁的人，終於獲得自由。

花樣百出，一次做好多件事情

我有個演講主題，就是教人如何專心成功，可以一次做多件事情。大家都認為專心只能做一件事情，但像我這樣的人格，其實專心可以做七樣事情。在我大學時期，課業維持得非常好，卻同時做了不少事情：每週一三五，我會上健身房運動。二四在教會的籃球隊練球和集訓，球隊有聘請專業的教練來集訓。所以一到五，我花很多時間在大量的運動上，同時還要上課。所以是同時兼顧上課、健身房和籃球隊三件事情。然而當時我還跟阿根廷歌劇院首席小號手學習吹小號，我是他的大弟子，他希望我以後也可以像他一樣，成為職業小號手。但我沒選擇這條路，畢竟這和我醫學院的生涯規劃天差地遠。但因為我學吹小號的學費挺貴的，所以我也當家教來支付學費，我最多教過十六個學生；換言之，我一個禮拜要授課十六個小時。因為學生需要小號，所以我也要收購、整理之後賣給學生，故我同時還進行樂器的買賣。每周十六個小時的家教，很不輕鬆，雖然賺了不少錢。

當時我的女友在律師事務所上班，每天我都要接她下班，時間一到要準時出現在她公司樓下等她，接到她之後一起晚餐。晚餐可不是隨隨便便吃個飯那麼簡單。她的要求很高，要有變化，要不同的餐廳，還要穿著打扮，還要送花送禮物……每件事情都要安排得很精確，不可以漏掉細節。週末我要上教會，除了做禮拜外，還有服事。再加上每天早上讀聖經，寫筆記。每個禮拜，我都得專心做好這九件事情。所以我可以教人怎麼做，如何做到最好，而不是隨便應付，敷衍了事。這些都要有計劃，都要經過訓練。當時的我除了小號吹得好，也是籃球隊的得分王，健身時的肌肉也練得不錯，還一度想參賽。

很多人會驚訝，同時做這麼多事情，做得又好，怎麼可能？這是因為我有多重天分人格；所以累積到現在，舉凡邀請我演講，幾乎所有的主題我都得心應手，講專業、勵志、投資理財、生涯規劃、創業或創意，都可以。我的電腦分門別類各種講題和資料，就像電台點播一樣，隨時都可以講，我有菜單，任君挑選。講出來都會讓人驚嘆，怎麼這麼專業又有趣！所以有一段時間，我也常常上財經節目的通告。我這樣的人格特質，不適合只專心做一件事情。常有人開玩笑說我「齣頭誠濟」（台語的齣頭，是指戲曲的劇本。延伸出來的意思是「花樣」，齣頭誠濟形容一個人花樣百出），先是去外科，然後去重症，一下換作醫美，然後又什麼都不做，跑去開咖啡廳？到底頭殼是哪裡壞了？好好做外科不好嗎？所以我太太非常辛苦，她每天看著我這樣花樣百出，常常會問：「現在又在演哪一齣？怎麼新的還沒完，又來更新的？沒完沒了……」到底幾時才可以穩定下來？就像那時候咖啡廳一次開了四家，本來還想開到四十家呢！身旁的人都很錯愕，是瘋了嗎？

雖然當時創業，看似一場鬧劇，但也讓我學到很多珍貴的經驗。

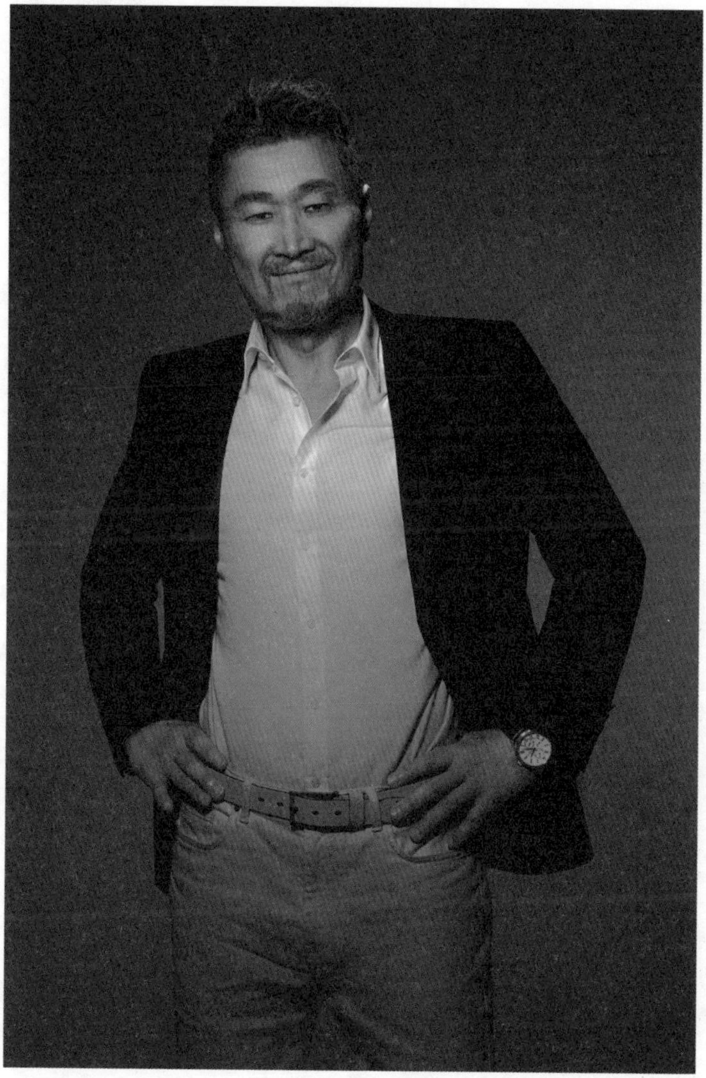

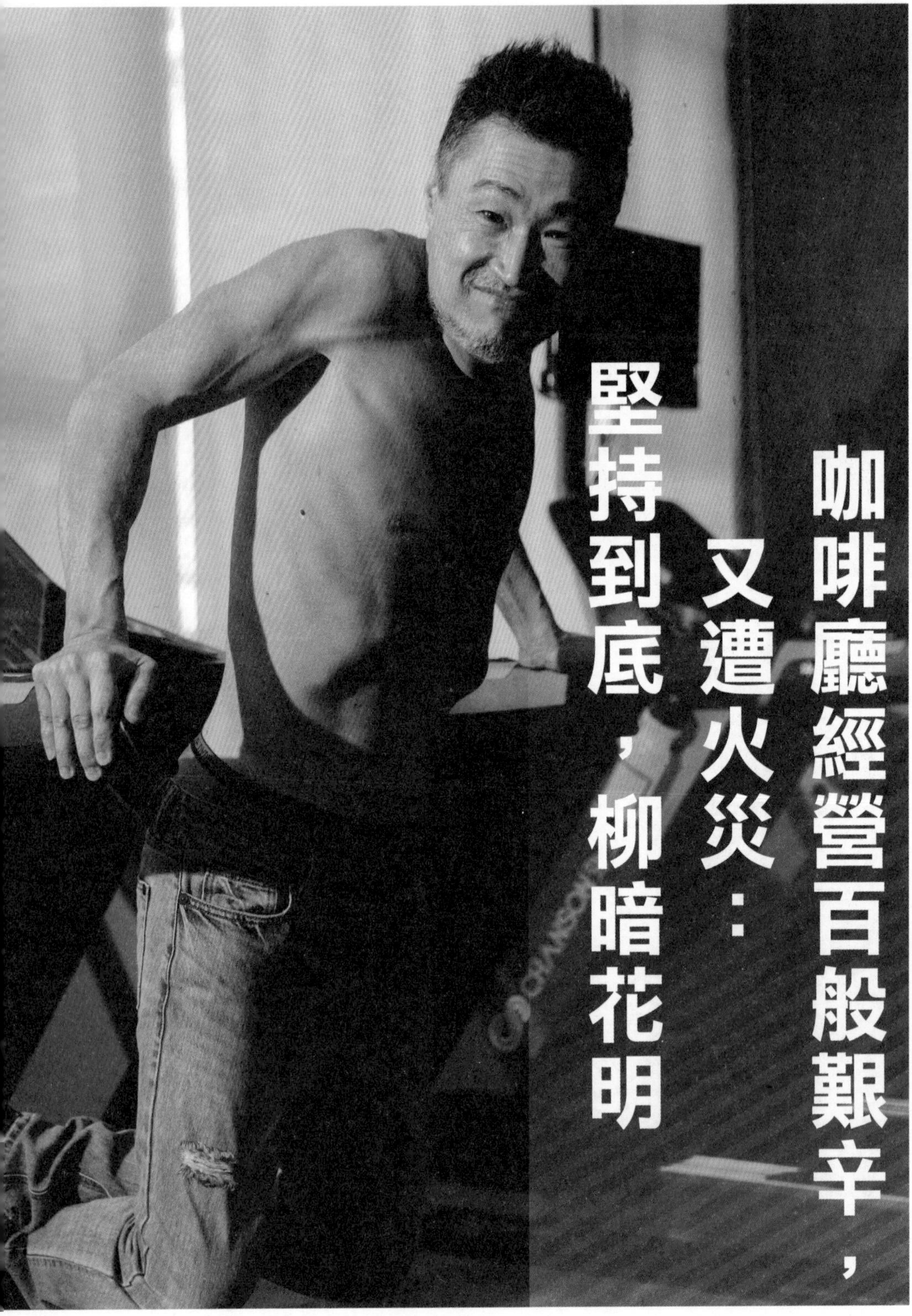

咖啡廳經營百般艱辛，又遭火災：堅持到底，柳暗花明

我以前在新店行道會做禮拜，很大的教會，每次都有兩、三千人做禮拜。教會知道我是多重潛能人格，所以我就被召喚，開了一個年輕人的班，叫做「WOW」，Window of the World——世界之窗。輔導青年們的生涯，讓他們有所成長突破。我自己選了題目，教青年創業。教著教著，幾個學生和我一起創業開咖啡廳。這個決定讓我又陷入另一個深淵，開咖啡廳要賺錢，談何容易？所以我就不當醫師了，加上飛去中國大陸也累了，不想去了。所以我們一群人，興致勃勃，集資開店，最多的時候開了四家咖啡廳。

開了四家店，其中一家做麵包和餐點，供應其他三家店，咖啡則是每間店現點現煮。這就是我想做連鎖品牌的雛形，還要運用我的創意行銷經營，忙得團團轉，可是財務卻虧損。一間店有租金、成本、人事開銷和雜支，實際上的收入和帳面上的收入不平衡。到後來，這些學生們發現創業沒有那麼簡單，沒有那麼美好，所以紛紛離開，只剩下我一個人繼續經營，只剩下最

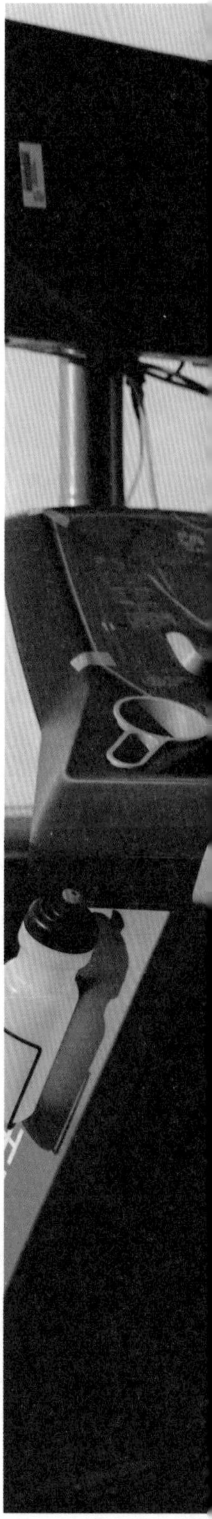

後一家店。

我們開店的模式是頂讓別人經營不善的咖啡廳，這是最快，也是最省錢的方式。其中一間的體質比較好，漸漸地開始有點起色，逐漸打平，開始有點盈餘。不料後來竟發生火災，當時實在讓我非常錯愕、欲哭無淚。從店長電告發生火災，到我抵達現場，消防隊剛灌救完，火是滅了，但整間店也報銷了。當下面臨重建還是放棄的抉擇，但就算是放棄，可店面是租來的，也要復原和賠償。只好選擇重建，繼續撐下去。到後來，其他三家店陸續收起來，只剩這家。我之前提到，賠錢沒關係，當作學費。所有的遭遇，都是生命給你學習的機會，那些負面的、意外的事件，以及莫名其妙的事件，都為了成就未來的你。

總之，最糟糕的事情已經發生了，也因此這些和我一起出來創業的青年學生們對我非常不諒解，認為自己所有的投資都賠光了，真的是付之一炬；但相對來說，我佔的股份最多，時間、金錢和心力投注那麼多，所以我賠的也最多。那個時候我不當醫生，整天就待在店裡泡咖啡。我不是個不負責任的人，當所有人都離開時，我還是會繼續苦撐。離開的學生們，有些心情難以平復，還會在通訊軟體上面咒詛我，指控我欺騙了他的錢，這些狀況，我都概括承受。因為我只知道不能放棄，要堅持下去。原本的員工也都離職，在這樣山窮水盡的狀況下，我真不知道自己該怎麼撐下去？我禱告，請上帝處理，看看祂要如何安排，我該如何堅持下去？

還沒堅持夠

太太知道我的想法後，嘆了口氣說：「你這樣還要堅持下去啊？你堅持下去又會怎樣呢？」我還是希望證明給他們看，因為家人跟著我一起受苦，他們當然有權利質疑我的任何決定。就在這樣的狀況下，又出現考驗，親友們不斷問我：「已經走到這般田地，到底還想怎樣？你繼續堅持下去，又能搞出什麼名堂？」這時候，你會發現身邊的人分成四類：第一種是「看衰」的人，這個大家都能理解。其次是「看熱鬧」的人，大多是無關緊要，與他切身無關。第三種則是「看花」的人，就是一頭霧水，眼花撩亂，看不懂你在做什麼的人。最後則是「看壞」的人，例如家人，其實是因為擔心你，不希望你的決定讓情勢繼續壞下去。可見，怎樣都沒有「看好」的人。但是幸好我有著堅韌的個性，太太也好、姊姊也罷……不管誰來問，我只回答：「我是覺得……我還沒有堅持夠。」雖然當時，我覺得自己已經被紛至沓來的挫折，重重擊垮了。可是我已經沒有退路，沒有辦法收山。

天啊！這是什麼答案？誰能接受我的答案？情勢如此糟糕，還說自己沒有堅持夠，是不是頭殼壞了？不過，他們的擔心也是正常，我光是一間咖啡店，就可以慘賠四、五百萬。想想，賠這麼多也挺難的，每個月虧個幾萬，累積到四、五百萬，也要很長的時間。我是因為祝融之災，所以等於一間店投資了兩次。開辦費付了兩次，什麼開銷支出都付了兩次。而且，火災發生時，店才開了七個月。我也真的可以說是運氣不好，這間咖啡店已經易主多次，前面幾任老闆一直修改排煙系統，彎彎曲曲好比九彎十八拐。就像你穿西裝一樣，修修改改了數次，還是不會合身。而排煙系統必須直，不能彎。九彎十八拐到後來，已經無法排煙，抽風機有運轉，但實際上根本沒有排煙，這樣長期累積的問題，終於在我營運期間爆發。

我真的只能概括承受。有時想想，人家說的也對，都說不成功是因為賠不夠。要成功還真的要賠個夠，才能轉虧為盈。所以後來我看到很多人開咖啡廳，怎麼六個月就收起來，我都想問：「你怎麼會覺得堅持六個月沒有賺錢，就得收起來呢？美其名曰停損，但實際上是思慮佈局的問題，為何當初的計算只有六個月呢？隨隨便便也要撐個三年，再來談停損。」也許你會說：「因為錢不夠，我就沒那麼多錢，要怎麼堅持下去？」好比〈路加福音十四之三一〉，耶穌說：「或是一個王出去和別的王打仗，豈不先坐下酌量，能用一萬兵去敵那領二萬兵來攻打他的麼？」要打仗，難道不計算兵力嗎？本來是可以打勝仗的精兵，卻因為計劃不周而失利。老實說，要開咖啡廳，咖啡好喝和餐點美味是最基本的，每家的咖啡和餐點不都是這樣嗎？那為什麼不仔細想想六個月就收起來的原因？因為你當初的規劃就有問題，或是你只準備了開辦費，卻沒有準備營運費；以及人事成本等等的開銷評估錯誤。一味的投入資金，只是燒錢。

這一次的創業，繳了那麼多學費，我學到非常多寶貴的經驗，別看我現在可以說出一套創業心法，但也是付出大量的金錢和心力換來的教訓。我在這段時間內，所承受的一切，絕非三言兩語可以道盡，其中的刻骨銘心，也只有我自己知道。一直堅持下去，可是連自己都講不出繼續堅持下去的理由。我沒辦法給所有人滿意的回答，大家都要我收起來。而我總是告訴自己：「才七個月，還不夠。」災難發生了，我想上帝是要我們從中學習。多少個煩惱糾結的夜晚，我只能這樣告訴自己。太太要我回到醫院，當醫師就好了，至少收入穩定。可是現在呢？每天得要泡多少杯咖啡，才能有醫生的收入？

大家說的都對，我自己也明白。可是，我就是對醫療感到深深的失望，心灰意冷。在每個人的生命中，都一定有過心灰意冷的時刻，我當然也不例外。我已經失去了對醫療的熱情，要我回去，每天就是開刀看診，庸庸碌碌的過日子，這不是我想要的生活。所有人覺得我很任性，剛愎自用，沒有人會可憐我的失敗，但其實，我有苦難言。這些聲音多少會影響心情，但還是得繼續堅持。我還是樂觀的想，堅持到了某個時候，就會成功。可是看衰、看熱鬧、看花和看壞的人，從來不會停止他們的言論，我們是否能挺住，接受輿論的壓力呢？幸好，我很快調適過來，就像小時候一樣，不要聽就好了。

極致的惡搞居然是逆轉

連哥哥也愛莫能助，只是嘆氣地說：「你就是這副臭脾氣，任性，從不接受別人的建議，沒人能救你，是你害死自己，到時別說大家都不關心你。」這段時間也發生另一件事情，就是我開始逆轉，進行減重增肌，一週七餐的間歇式禁食。也許是當時的狀況太惡劣，我覺得自己必須要做些改變，要做一般人做不到，並且匪夷所思的事情。我要證明，我可以逆轉，我可以變成超人。反正大家都覺得我頭殼壞了，那就惡搞下去吧！那段時間，我覺得自己變成一個惡搞型的人，反正我做什麼，大家都覺得我在惡搞，已經不會覺得驚訝。

所以我在咖啡廳泡咖啡之餘，開始跑步。次數越來越多，時間越來越長，速度越來越快，好像阿甘。反正阿甘看起來頭殼壞掉，我好像也是。不想聽那些聲音，想要甩開煩惱，穿上跑鞋，出門跑步便是。當我在跑步時，就沒有人可以干擾我，我可以專心地和上帝對話。這段時間也獲得一些啟示，有了不少想法。感覺好像有一些事情要發生了，但我還是依舊，每天開店，每天泡咖啡，因為這是我的職責。我也不知道開店要幹嘛，一天收入幾千元，又能怎樣？於事無補，店裡的開銷都快付不出來，苦撐硬撐，口袋又沒錢，太太基本上也不管我了。

繼續跑步吧，後來也上健身房，身材越來越好，可是又能怎樣？太太還說：「練八塊腹肌，是能賺錢嗎？」她說的對，我只能開玩笑回她：「這一塊值好幾億喔，妳別小看它。」太太不以為然，用台語回我：「煞煞去，柑仔瓣較大瓣。」台語一瓣兩瓣的瓣，發音近似一萬兩萬的萬。所以她的意思是說買大顆的橘子，裡面比較多瓣（萬），這是她在諷刺我練肌肉沒有用，想歸想，我還是作夢，異想天開而已。我本來就是愛作夢的小孩，我叫劉乂鳴，小時候都被開玩笑取綽號「鼾眠」（台語，意指作夢或夢囈），從小作夢做到大，總是常被人家笑我「有夢最美，希望相隨」，早就習慣了。

別人看我，我就是個活在自己世界的作夢者。或是覺得我受過太多刺激，所以有那些異想天開的想法也不足為奇。其實，我是在等待上帝的時候來到，「The Moment of God」，這是上帝的安排，祂總是有時間表。一般人會說「天無絕人之路」，我不這麼想；我覺得上帝在我身上進行這麼多年的修剪和訓練，必定有祂的計劃和時間。我覺得自己是個人才，我有專業、能力、內涵、才華、墨水，和真材實料，一定有祂的安排。雖然等待的過程，覺得漫長、焦慮、懷才不遇，和窮途末路的辛苦……每天讀《聖經》時，也有無語問上帝的喟嘆：「上帝啊，我到底怎麼了？難道真的一輩子撿角嗎？」畢竟我還是個人，這些情緒我都有，雖然天性樂觀，但偶爾還會有一點負面情緒。

不過，我也總能被《聖經》安慰，我明白那是上帝用祂的話在安慰我。所以我得繼續等候，屬於我的時刻，會到來的。我有這樣的信心；信心很重要，因為有信心，才會帶來盼望。所以我們基督教所云的「信望愛」，由此而來。沒有信心，不相信，就看不到遠方的亮光，就沒有希望。我一直知道上帝愛我，祂給我的，最好的禮物，就在不遠處，好戲在後頭。上帝要預備一個人的時間，往往比人所認為的時間要長許多。我們希望等兩天就成功，可是上帝覺得這需要二十年；對祂來說，千年如一日，一日如千年。時間是上帝創造的，所以無法限制住祂；但人還是受時間所限。我們的年日何其短暫，如同〈詩篇九十之十二〉所云：「求祢指教我們怎樣數算自己的日子，好叫我們得著智慧的心。」

於是我抱持著信心，數日子，就像數饅頭一樣。很多人會比較，例如英雄出少年，有極大的成就；而我還在這裡，一事無成。以往每年我的生日，哥哥總是跟我說：「生日快樂，一事無成。」我很想只收前面四個字，實在不想接受後面四個字，但是沒辦法，他說的是事實，越是家人，說的越是直白。只要我一天沒有辦法證明，我在別人眼中，就還是一條魯蛇。只能繼續堅持，努力。除了「生日祝福」外，哥哥想到也會問：「到底會不會成功啊？做不做得起來啊？怎麼看都沒有機會啊。」畢竟他是關心我，我也只能含糊其詞，搞得好像在呼嚨他一樣的回答：「會啦會啦。我會努力啦。」

一把火燒出的靈感

問題的關鍵就不在於努力啊，努力也不見得可以成功。總之，咖啡廳發生火災後，我堅持到現在。終於開始有轉機，柳暗花明，因為火災，給了我一個靈感，那不如來做阿根廷烤肉吧！上帝給了這把火，或許就是要我「燒」下去。所以我開始推出阿根廷烤肉料理，在仁愛圓環附近的小巷裡，我那間店本就不大，扣掉麵包師傅製作麵包，和販售的空間外，店內只剩下一張八人圓桌的空間。我推出「阿根廷烤肉私房菜」，每人固定價位，預約滿八人即開桌的主廚料理方式。烤肉架就放在巷子裡，我親自下去燒烤，就這樣週末八人圓桌的預約方式，創下連續十九週客滿的記錄。

吃完阿根廷烤肉的饕客們驚為天人，讚不絕口，紛紛表示從來沒吃過這麼特別的烤肉。是啊，除了烤肉吃到飽，紅酒也是喝到飽。我就靠著私房菜，慢慢走出經營的黑暗期。因為一桌阿根廷烤肉，勝過泡幾百杯咖啡。一杯咖啡才多少錢，慢慢泡，連付房租都不夠。這只是一個開始，接下來還有更大的逆轉在等著我。

一支演講視頻意外爆紅，開啟醫療新生涯

我每天都待在咖啡廳，有投資人看到，就上門找我，想投資，和我合作，咖啡廳是個非常好談事情的地方，我本來想著反正做生意就是要陪人家聊天嘛，就當作聊天而已。反而投資人聽我說了我的理念、做法和實例，看到我的改變，就談定合作，因此才有令我爆紅的演講視頻。演講的內容是二十多年前，我研究出的營養。「營養」一直都在我的心裡，我未曾放下過，只是這麼長的時間以來，沒有機會發展而已。投資人看到我逆轉的成績，本來是個體重破百的胖子，怎麼搖身一變，變成肌肉型男。短短一年，減了至少三十五公斤，把自己各方面的慢性病和三高都逆轉了。所以我就想著，演講我的逆轉成果和研究成果吧。於是有了「MED」的演講，這支影片至今高達三百多萬的點閱次數，並且持續攀升。

這支視頻是極大的逆轉，完全出自上帝的手，我苦苦等待的「The Moment of God」終於來到。二〇一七年七月三十一號上架的影片，掀起

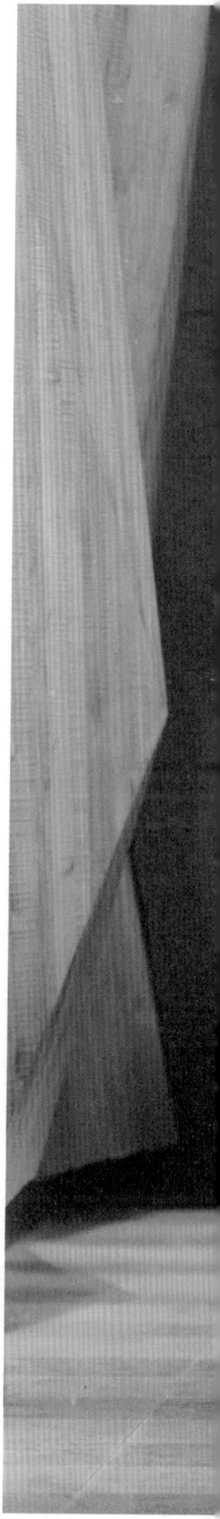

我的事業高峰，我預備了五十一年，為的就是這一刻。上帝對於祂的兒女，都有一個「命定」；當然，命定不是《聖經》的用詞，但意思是上帝花了很多時間訓練、修剪、管教，及預備，就是要你做一件事情，而這件事情只有你可以做到。全世界七十億人，沒有第二人可以做到上帝要你做的事情；換言之，七十億人，就有七十億種命定。每個基督徒都必須尋找自己的命定，不然活著只是漫無目的的虛度年日。

合作，是因為我有空

所以，我的命定就在「MED」的演講出現了。我也差不多是在這個時候，發現自己是多重潛能人格。這都是我人生中的第一次發現，原來上帝沒有要我做外科醫師、重症、醫美、餐飲或其他的事情。可是我都得經過這些訓練，漫長的道路，才能成就這一刻的命定。誰又能想到，是我在做餐飲業的時候被發掘？這個投資人當時說了一句令我錯愕、哭笑不得的話：「我投資你的原因，是因為其他醫師都有事情，我認識許多權威的醫師，但是他們都很忙，只有你最閒，而且你的專業，現在沒有人具備。」我只能笑笑回答：「原來是這樣，你才投資我啊！」確實，當時的我每天都在店裡泡咖啡，如果有好的案子，我也有時間可以直接主持執行。

現在想想，他當時打的如意算盤是對的，而且他很聰明，知道只要投入一點小錢，就可以回收大錢。雖然後來，他被我淘汰，我不和他合作的原因是他的眼光太過短淺，不過他一開始的想法是對的。他一直這麼說：「押對寶了，這一押下去，我不知道可以回收多少倍……」他說要是當時我沒有每天出現在店裡，他也不敢投資。他會覺得我什麼都沒有，也看不到我在做什麼，哪裡敢投資？可是我行蹤透明，每天就是顧店泡咖啡，讓他十分放心。我們是在扶輪社的聚會上認識的，當時有位社長知道我的狀況，也知道他在找尋合作夥伴，所以問這位投資人要不要跟我合作看看。其實一開始是看我可憐，要來幫我，試著先從小小的合作計劃開始，在合作的過程中，他才發現我這個人太有意思了。我相信，上帝在這些過程中，總會派來階段性的人事物，一路扶持我。

MED的誕生

正式成為合夥人時，對方拿了一小部分資金投資。原來我做餐飲的這間公司，是登記為生技公司，主要業務是生技和醫療，餐飲只是其中小小的一個項目。所以雙方開始討論我們可以整合起來做什麼，於是逐步擬定企劃。當時TED很流行，我想做的也是類似的演講短片，每個演講的時間是十五分鐘至半小時左右。但因為是醫療相關，於是定名「MED」。後來才發現，TED也推出「TED×MED」系列，就是醫療相關主題。

於是，我開始規劃內容，設定主題，開始錄製演講。不過這位合夥人，沒有製作影片方面的專業，找來的員工也多半是年輕人。我們做了壓克力字體，租了場地，錄完後送去剪接、上字幕等後製，再上傳YouTube頻道。就這樣完成了前兩支影片，其實早在四、五年前，我就講過類似的內容，放在頻道上，不過當時的點閱率不高，因為那時我還沒有逆轉，還是個體重破百的胖子。此一時也，彼一時也，現在我已經逆轉，並且鐵證如山，排山倒海而來的案例，由不得你不信。

影片上架後，兩個月內點閱率已達一百五十萬，同時也被大量轉載，很多人沒有經過我的同意，就將我的影片放在私人頻道上。我沒有付費，沒有推廣，讓影片自己發酵，想來真是不可思議，這視頻居然成為快速發燒的熱門影片。我在驚訝自己爆紅之餘，還發現影片一天最高也有兩萬點閱率，且持續成長，點閱者不只台灣，而是來自全世界的點閱者，可說是席捲全世界。因為我演講的內容關於用藥治療慢性病是完全錯誤的選項，但卻是主流醫療，全世界醫療一貫的做法。

這些議題，乍看之下像是爆料，讓人感到驚恐，甚至有點驚世駭俗，不過也引爆了爭議，甚至有著改革或革命的意味。這些都在我的意料之外，做這些事情的時候，我不抱任何希望，畢竟之前沒什麼反應，我也正處在生涯及生命的黑暗期，這麼低潮，已被挫折擊倒，無力再起，覺得人生就這樣了，我再沒有什麼可以失去的了，放手做吧！所以後續的爆紅，引發話題，這件事情給了我極大的鼓勵，我因而得以再起，走出黑暗。

回想當天錄製演講影片時，場面很冷清，底下的聽眾只有小貓兩、三隻。演講的那一天，台北正下著傾盆大雨，我心裡也知道，原本邀請來的聽眾就不多，暴雨，更沒有人會想來聽演講了。我當時看到這麼冷清，心中卻燃起一把無名火，想著豁出去算了，別再有顧慮，火力全開，大肆抨擊也無妨。沒想到發生逆轉的效果，誰能預料得到？當時大家都認為，縱然我的演講很紮實，但錄影時冷冷清清，怎麼看都不會成功……殊不知，影片上架後意外的爆紅，出現戲劇性的驚人逆轉。

影片上架的背後故事，說來也有趣。前面提到這位合夥人，請來的員工都是初出社會的年輕人，給的薪資也不高。當時擔任後製的員工，一個人要搞定全部事務，工作量極大，她也做得很不愉快，覺得在這裡上班沒有前途。在剪接影片的過程中，有人挖角，所以在完成工作，影片上架後，她就離職了。後來，直到其他的員工也被挖角，我這才發現原來人都被同一家公司挖走。在員工紛紛離職的狀況下，工作團隊就散了，後續還能做什麼呢？直到員工離職後，我才發現原本上架的發燒影片是發布在她的私人頻道上，只好忍痛刪除，重新將影片放在我自己的頻道上。那段時期公司亂成一團，像是難產的母親過世了，但孩子堅強的活下來；但一切毫無頭緒，沒有章法……還好，在兵荒馬亂之中，我的頻道就此誕生，並再度發燒。

接下來的發展，這位合夥人形容：「一切就像中了樂透頭獎！」一支影片，造就了後面的逆轉和精彩。後續的影片，我利用咖啡廳的空間錄製，也有很多慢性病患、吃藥吃到絕望的人，打電話找我諮詢，我都會把他們約來咖啡廳聊，一時之間，小小的咖啡廳被擠爆，門庭若市！每天都有幾十個人來排隊諮詢，原本真正要喝咖啡的客人都進不來，所以生意也沒辦法做了。不過也因此，我開始寫《笨蛋！問題都出在三餐》這本書，在寫的過程中，根據議題和經驗，不藏私地分享我是如何逆轉？如何一週七餐？如何加上運動和營養，逆轉我個人的慢性病和三高；仔仔細細地說明基礎理論，為何一天吃滿三餐，對於慢性病患而言，是死路一條。

上帝的時刻來到了！

接下來的事情，大家都知道了。書出版後，不斷再刷，趕工加印，我現在寫這本書的時候，前作還在暢銷，排行榜穩穩爬升，再加上影音的資料，非常完整。我開始受邀上電視和電台節目，一個又一個的通告跑不完，例如TVBS看板人物、新聞挖挖哇！、寶島聯播網……等各大節目媒體紛紛邀約，請我上節目談逆轉議題。突然間，我從沒沒無聞，每天閒得泡咖啡的老闆，變成知名度大開，家喻戶曉，全球點閱的發燒YouTuber、媒體新寵兒。我看到上帝的手，在這些事情中運作。我彷彿被浪潮推著走，力量太強大，由不得自己。背後的趨力，就是這些慢性病患知道自己不能一直吃藥，他們也想逆轉，獲得自由。好不容易從我這裡聽到解答，知道還有逆轉之道，於是前仆後繼，紛紛找上我。

想當然爾，這股趨勢的背後，是龐大的企業機會。我本心灰意冷，失望透頂，以前待的外科、重症和醫美，全被我拋諸腦後，打算退出醫療界。殊不知，我的「退」，卻是上帝將我推上另一個舞台的契機，這成為我醫療生涯的第三春，是祂為我預備的高峰。從到處演講、上通告和出書，已將我的時間排滿，分身乏術下，我將咖啡廳交由姊姊經營。

廿六年前在美國，我無意間發現營養的神奇，得以發展出逆轉的真理鐵三角——「間歇式禁食、暢快濫跑及營養處方」；透過這三管齊下，構成逆轉之道。雖然當時腦中對遠景還不是那麼清晰，但在上帝的安排和命定下，我才深深了解為什麼這些年我得經歷這些，唯有如此，才能在今日引爆的這股醫療新風潮。

與詐騙合作失敗，留下的爛攤子變成金雞母

由於理念不同，我和合夥人逐漸產生摩擦，註定分道揚鑣。他總是想著做生意賺大錢，想開發商品，成立品牌賣營養食品，大量上架；利用我的知名度，接更多的諮詢，但這些都不是我的初衷和理念。我想的是藉由逆轉及營養醫療，幫助更多的人。他開辦了會所，竭盡所能的佔用我的時間，只因我人在會所，讓人誤以為這是醫療院所，想要以假亂真。我強烈反對，沒有診所登記，怎麼能進行醫療行為呢？這就是掛羊頭賣狗肉。我感到憤怒，且質疑他原先說好的投資項目也沒有履行承諾；當然，最終走向了拆夥一途。

對於他這種眼光短淺的做法，我無法苟同！然而他居然還敢告我，到現在還在進行法院訴訟。他最大的問題就是：怎麼能夠以假亂真，混淆視聽，只為了賺錢牟利？他甚至聘了一個對外宣稱為執業醫師的員工，負責接受諮詢；但實際上那人雖然曾是醫師，但後來醫師執照已被吊銷，資格是有問題的。像我這樣有學術、經歷、實力和地位的醫師，怎能同意和這樣的無牌醫師一起共事？於是，我停止了與對方的合作。然而我的知名度早已建立，想找我合作投資的人非常多，他們一樣講得天花亂墜，我聽了總是不置可否。

如願開了診所，又遇騙子

後來又有一個投資人找上我，談好我負責醫療，他負責資金；並尋找要頂讓的醫美診所打算接手，承接租約。因為當時我的證照還掛在其他的醫美診所，所以還得另外找醫師掛牌，而我也順利找到了合作的醫師人選。找好了診所地點和人選，眼看診所就要開張了，卻又出現了潛在問題。怎麼說呢？不是我這個人喜歡被騙，而是我所受的國外教育，讓我對每個人都是先抱持信任的態度，以信任為出發點，不會事先調查身家背景，這是我待人處事的真誠。但台灣人不一樣，普遍對每個人都抱持不信任態度，你必須先證明你沒有騙人，才能獲得信任。讓我覺得不對勁的是，在合作的過程中，我發現對方有不好的念頭和做法，甚至想欺騙我。

當時我信了他，將資金財務都交由他負責，還找哥哥來診所幫忙看診。過了兩個月，對方露出馬腳，原來他背後使了小伎倆，想利用診所招搖撞騙，偷偷進行洗錢和金融操作。被我發現後沒多久，人就跑了。但是診所已經簽訂了五年租約，此時又再度面臨放棄或繼續的抉擇。當時，主要看診的醫師是哥哥，我雖沒有直接參與太多診療，但這間診所一開始就是我接洽開設，於是，我毅然決然承接這個爛攤子，包括診所租金、員工薪水、還在付款的設備和所有開支，我都負責到底。

不過，有了診所後，營養諮詢也就方便多了，可以直接在診所進行，不用再擠爆咖啡廳了——這就是我想做的醫療。雖然過程中曾遇到不好的合夥人和騙子，但是上帝的安排很奇妙，我勇於承接了一切，終能展開自己理想的診所業務。從二〇一八年初開始，每個月幾十個百分比的成長，好像飛機起飛一般，勢不可擋。但因為我的名氣，前合夥人和騙子仍在外面打著我的名號招搖撞騙，我被莫名其妙的法律訴訟纏上……，一旦上法庭，該我解釋說明時，我總是光明磊落、坦蕩蕩地一一回答。前合夥人看到當初我一直堅持要開辦的醫療診所居然成功開張，且有著驚人的成長，他眼紅後悔了。說我搶他生意，說我違背競業條款。也太好笑，他開的是會所，會所根本不能進行醫療行為，我開的是診所，我們哪裡是同業？回想當時他說想開「診所」，我還請哥哥來幫忙，結果診所沒開成，還白白浪費哥哥的時間心力。

他不開診所，我開了，他認為是他捧紅了我，其實不然，演講的內容他完全沒有參與，從頭到尾都不知道我要講什麼，這是他的功勞嗎？算了，隨便他怎麼想。總之，看似一場鬧劇，其中卻有上帝的恩典。如果沒有起頭，沒有拆夥，沒有遇到騙子，我又怎麼能夠開辦現在這間符合理想的醫療診所呢？在這些紛爭之中，上帝讓我得到益處，獲得更多。我的生命一直如此，起先都是負面挑戰不斷，後來才慢慢轉為正面，從詛咒變成祝福，永遠都不是平順和樂；但在風浪和黑暗過後，卻有滿滿的恩典，在攻擊之後，有著滿滿的收穫。人或許有各種企圖，但上帝永遠都是祝福。

幾乎每一天，我都在體驗這些，每天都是新的挑戰和祝福。〈馬太福音六之三四〉有云：「所以，不要為明天憂慮，因為明天自有明天的憂慮；一天的難處一天當就夠了。」想想就是這樣，每天都有處理不完的事情，業務也在蓬勃發展，沒有唉聲嘆氣的時間。還好我一直以來就不在意別人怎麼看，喜歡也好，討厭也罷，這些都很次要，都不是生命的主軸。相信你的人，不用解釋；不相信你的人，就算説破了嘴，他還是不信。不過我也算是體驗到了，人在沒有名氣的時候，都沒事；有了名氣之後，紛擾一大堆。幸好我一直很清楚自己在幹嘛，上帝在這些過程中，一直帶領我，讓我看到方向，越來越清楚，那些雜音變得微小，路上的光越來越亮，我知道，「逆轉」就是我的命定。

到現在診所經營一年多，一路都有上帝的恩典，從租房開診所，到現在可以自己買房開診所。租房是玩票性質，隨時可以撒手不幹，但買房就不一樣了，是要永續經營。雖然還是有人抹黑、攻擊或酸言酸語，我都平常心看待。因為我知道我所做的事情，有影響力，非常重要，才會受到這些遭遇。如果我做的事情不痛不癢，沒什麼影響、沒什麼建設，就不會遇到這些事情。現在這些事情已經有了巨大的影響力，當然攻擊會越來越多。善與惡，正與邪，如同《聖經》提到的聖靈與邪靈，上帝與撒旦，耶穌與魔鬼，都有這些勢力的對抗。雖然我信仰上帝，但我明白一路不會風平浪靜，我知道會遇到攻擊和試煉，但上帝與我同在，我能因為祂，勇敢前進。

每天在壓力之下，產生能力，做更大的事情。我今天早上讀到〈約翰福音十四之十二〉，耶穌說：「我實實在在的告訴你們，我所做的事，信我的人也要做，並且要做比這更大的事，因為我往父那裡去。」上帝在生命的每個階段的安排，我們都要去做，因為那是我們的責任。所以外表看起來極其糟糕的事情，卻變成最大的祝福。前面提到，我離開醫療圈，就是不想接觸醫療相關的事情。當時只覺得開診所就開吧，反正我提供專業就好。所以，人的想法只是人的想法，無法知曉上帝有著更高深的意念和安排，祂想的永遠和人想的不一樣，那麼，就隨著祂的帶領吧。本來以為自己的人生結束了醫療生涯，改開咖啡廳，誰知道我後來開始跑步，跑馬拉松，越跑越快，還參加比賽……某天和上帝對話時，問祂：「我跑得越來越好了，是不是要去參加比賽呢？」上帝沉默……嗯，我知道我想太多了，原來我也不是那塊料。哈！好像也是，我都幾歲了？我又自作聰明了，別想這些，上帝會幫我規劃。

只做上帝眼中對的事情

年過半百，驀然回首，才發現已經跑出一條筆直的路。之前的崎嶇和高山低谷都過去了。我不敢說眼前的路平順舒坦，我深深明白未來還是有著挑戰、困難、中傷、抹黑及汙衊等等的事情。只要你成為領袖，必定會面臨這些狀況，不會全部都是祝福和看好；不過，克服這些後，我們會發現自己的成長。所有的絆腳石，都會變成墊腳石，讓你更上一層樓。這些都是信仰給我的體驗，我從未要求自己走在平順的坦途，我知道這不可能，我只求我真的做好上帝要我做的，對的事情，為要主行各樣的善事，神眼中的好事；不是造橋鋪路，不是捐錢，也許包含這些善行，但不僅只於此。在上帝眼中，每個人對的事情不一樣，人生在世，就是要做這些善事，在此之前，上帝會花上許多時間預備你，甚至拆毀你，去除那些既有的、不對的，搗毀後重建。在我身上，花了五十年。但對上帝來說，五十年不長，剛剛好。我可以很驕傲的說，這五十年，我的生命沒有空白，非常精彩，絕無冷場，高潮迭起。大器晚成也無妨，只要上帝覺得好，我就順服，欣然接受，雖然熬的過程很痛苦，不過這是值得的。每天，我都要問問自己做的事情，是否為上帝眼中對的事情，求祂鑒察。若是，我才能勇往直前，不顧一切紛擾雜音。

人都想要舒服安逸，但我覺得人生不能一味追求舒服安逸。就拿我的逆轉之道來說，都是要先經過不舒服和辛苦，才能獲得自由喜樂。就像前面提到麥子的比喻，先死後生。別再只追求小確幸，或是苟且度日了，這成不了大事。到最後你會發現自己的生命浪費了，你什麼都沒做，沒有改變任何事，生命的成績單一片空白，好像這個世界有你沒你都一樣。為何不拚搏，到處看一看呢？失敗了幾次，就會有成功的機會，可是如果你因為害怕失敗，而不嚐試，那你終將什麼都沒有。我勇於嚐試，把自己逼進死路，不過也因此感受到上帝復活的大能。不管他人怎麼看、怎麼說，都不改本心；最後，你會證明自己是對的！就像哥哥，從小就說我是個自以為是、自我感覺良好的人，他常常問我，到底哪來的自信，覺得自己是對的，而別人是錯的？直到我五十一歲那年爆紅，他才跟我說：「我發現，你都是對的。」我等了五十一年，才等到哥哥這樣說。別人說這些話，我總會笑笑的回答：「是因為你不了解我。」但哥哥不同，他了解我，他到現在還是很希望證明我不全是對的。但隨著越來越多的逆轉實例，他不得不承認。甚至我們看社會百態，有多少人認為對錯不重要。可是，對我來說，怎麼會不重要？這非常重要！所以，我現在只講真理，就是如此，不是真理，我不想講。你對我也對，你很好，大家都很好，這類的話語，對我來說沒有任何意義。我最討厭這樣的話，什麼叫做沒有絕對？對我來說，每件事情都有個絕對。

沒有吃藥也好，吃藥也好？怎麼會有這樣的事情？如果吃藥是唯一的解答，那麼我不會阻攔任何人吃藥。但明明吃藥就不是唯一的解答，有可以不用吃藥的逆轉之道，那麼，吃藥就變成最差的選項，沒有那種「都可以」的選擇，真理太重要了。真理從《聖經》而來，就像信仰一樣，不是心誠則靈，到處拜神就好，這些都有絕對的標準，不是你認為怎樣就是怎樣。

Chapter 6——

逆轉金鑰權柄來自上帝，逆轉真理建基《聖經》

真理只有一個

撰寫本章節的那一天，正好早上讀到《聖經》的〈約翰福音第十四章〉，耶穌和門徒講到真理，這段經文馬上可以引用，我並沒有特意挑選，感謝上帝的指引。十四章之一到二的經文是：「你們心裡不要憂愁；你們信神，也當信我。在我父的家裡有許多住處；若是沒有，我就早已告訴你們了。我去原是為你們預備地方去。」耶穌預備好了地方，就會回頭接來門徒，但門徒聽不懂。接下來的十四章之四，耶穌回答他們的疑惑：「我往哪裡去，你們知道；那條路，你們也知道。」但是，多馬還是不懂，又問耶穌：「主啊，我們不知道你往哪裡去，怎麼知道那條路呢？」於是耶穌做出史上最偉大的宣告：「我就是道路、真理、生命；若不藉著我，沒有人能到父那裡去。」耶穌又說，祂就是唯一的道路。而這條路，就是通往上帝的路。和真理、生命一樣，都是答案。

現在這個世界是什麼世界？公說公有理，婆說婆有理，大家都認為自己有路，自己是真理。都認為對方的路雖然不錯，但自己的這條路更好，可以參考看看。可是，耶穌並不是這樣說的，只有祂是唯一的道路。所以真理是什麼？還有，真理是誰？在我的信仰之中，真理只有一個，就是耶穌；只有祂是真理，以外的都不是。所以我從來不會說：「你這個不錯，但我這個也不錯，要不要聽一下？」我所領受的，是從真理來的。我常常引用〈約翰福音八之三二〉，這也是耶穌對真理的宣告：「你們必曉得真理，真理必叫你們得以自由。」祂是唯一的真理，沒有第二。

這樣說，或許有些人會回答：「我又不信耶穌。」或許信的是佛祖或其他的什麼，但這些「神」，有說過自己是真理嗎？除了耶穌，沒有人敢說自己是真理。當祂這麼說的時候，在邏輯上有三種驗證的可能。而基督教有一本百年著作，由美國神學家麥道衛（Josh McDowell）所寫的《鐵證待判》，對於耶穌的這句話，就有這三種驗證：首先，祂是瘋子，祂所說的都是瘋話，瘋人院多的是說自己是神，是真理的瘋子，因為精神有問題，所以不足採信。其次，祂是騙子，用話術騙人，就像之前爆出的新聞，為了斂財，稱自己是神是佛一樣。這很容易證明，只要一點時間，騙局就會被揭穿。最後一種可能，祂是真的。目前，在耶穌身上，我們可以驗證是最後一種，祂是真的。

經過各方面的驗證，祂不是瘋子或騙子。祂的心智和精神狀況都是正常；再者，耶穌的十二個門徒都是因為傳福音而殉道，他們因為真理而死，無一例外。若祂是騙子，門徒怎會不清楚，又怎麼願意殉道？當刀子架在脖子上的時候，早就嚇得說是這一場騙局，把騙術吐露得一乾二淨，極力撇清關係。但每位門徒都堅定的說：「耶穌是真理，而且我傳的福音就是真理，如果無法接受，要殺要剮，任憑處置。」基督教就是這樣傳開的，到現在，歷史上沒有第二個人敢說自己是真理。

真理，經得起驗證！

真理有一個最重要的目的，就是讓人得到真正的自由。用在醫療上，就有很多時候無法驗證，例如：吃藥真的能讓人自由嗎？但我們都知道答案，吃藥不會讓人越來越自由，反而讓人變成藥物的奴隸。又或者，不吃牛肉的人，認為自己吃牛肉就會遭到懲罰、報應，或招來厄運，這難道是自由嗎？

但反觀我，我什麼都能做，什麼都能吃，我不被任何事情拘束限制，在我身上體現的是真正的自由。逆轉之道不也是如此？靠著間歇式禁食，少吃幾餐；靠著濫跑和重訓，獲得逆轉；靠著營養，擺脱藥物的束縛。這不就是真正的自由嗎？但現在的人並不這樣想，認為身體一出狀況，就得服藥。這些都是我的領受，所以我都説是真理，是耶穌教會了我這些。耶穌説，祂來就是要讓人得自由。所有綑綁你，讓你不自由的東西，祂都能幫助你解決，包含這些慢性病。

透過信仰，我獲得真理，從其中找到理論基礎，拿自己和家人驗證，向外擴散到現在，逆轉案例排山倒海而來。我並非一味地排斥藥物，我以前是外科醫生，我開刀，當然也開藥。我不是為了反對而反對，就是因為我什麼都嚐試過，進行驗證後，才知道藥物是一條死路。我自己的逆轉就不是因為藥物！這麼多第一手的經驗，讓我明白這是真理，是上帝帶著我走的路。真理是一條道路，所以逆轉之道就是一條真理的道路。走一條路，不是隨隨便便，想怎麼走就怎麼走。但反觀現在的人就是這樣，聽説什麼神不錯，就隨便拜，覺得這就是我的神。

試問，路可以亂走嗎？路是你可以隨便就開得了的嗎？你知道自己會走向哪裡嗎？拜了那麼多神，它們是路嗎？你真的想清楚，問過自己這些嗎？我因為尊重，不過問宗教，但不代表我認為你的宗教也是好的。你的日子過得平順，是因為你拜的神給你平順的日子嗎？這都是你的一廂情願。就像我當初如果只是隨口說說藥物不是一條道路，還會有人相信嗎？所以我先走在前面，走給別人看，證明這才是最終的逆轉之道。

知「道」不知「道」的
「道」到底是誰？
是什麼？

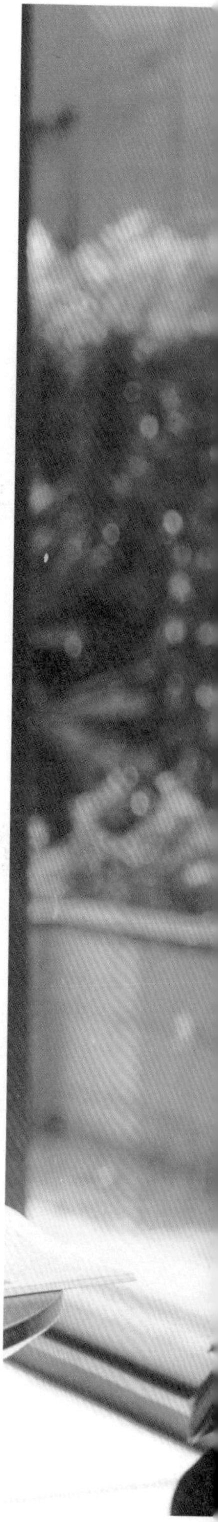

孔子有云：「朝聞道，夕可死矣。」所以隨時找到了「道」，就算死，也無憾。〈約翰福音〉是一部偉大的福音書，開宗明義即說明「道」是什麼：「太初有道，道與神同在，道就是神。這道太初與神同在。」前面說過，道就是真理，而真理變成了一個人，道成肉身，來到人世間。所以你知「道」或不知「道」，都要明白道成肉身的那個人是誰？這些答案，我都在耶穌基督身上找到，因為祂是真理、道路和生命，這三個都是人生最重要的。我有「道」在我心裡，我有耶穌在我心裡，外面多大的風浪，我都無所畏懼，我依靠著祂存活下來，活得精彩。

真理也可以理解為不受欺騙和蒙蔽，現今社會有太多的「偽」，有偽造的物品，也有偽科學。看看網路上有多少假新聞，造成多少負面影響，有許多學說要讓人覺得真假不重要，但是真假非常重要，因為它影響了你是走向滅亡，還是獲得救贖？可是現在的人，都不探討不在意真假。人生最重要的是判別真假，這很難，你可以問問自己是否具備鑑別真假的能力。道路也發人深省，究竟你走的路是對還是錯？有太多人走在錯的道路上，卻毫無自覺，以至於虛晃度日，渾渾噩噩。生命也是，來到人世，你問過自己要做什麼嗎？你知道你的「命定」嗎？活著不是吃了這餐，等下一餐那麼簡單；活著是有意義的。但多少人活著沒有意義，只是活著而已，你敢不敢在夜闌人靜時，問問自己活著的意義是什麼？你真的了解活著的真正意義嗎？

我說的這些，其實和宗教沒有關係，但卻是每個人都要面對的重大課題。辨別真假的能力你有嗎？若什麼都是假的，那人生不就毀滅了嗎？所以我說逆轉之道是真的，因為當「真」出現時，你才會發現吃藥對付疾病或慢性病是假的，不管現在有多少人主張吃藥才會好，這都是欺騙。很多人都在吃藥，又如何？真理不是民主，也不是依循大多數人投票表決的結果。大多數的人投票給三餐吃到飽，頂多走路，不想跑步。有九十個人投票給舒服的走路，只有十個人投票給辛苦的跑步，你能說這十個人是錯的嗎？這十個人才是對的。大家都有共識吃藥不能逆轉疾病，可是結果呢？這些都和真偽有關。好比〈箴言十四之十二〉有云：「有一條路，人以為正，至終成為死亡之路。」這條路看起來是平坦人多的大路，實際上卻是死路。但永生的路是窄的，很少人走在上面。所以你還會覺得大多數人走的路，是正路嗎？

上帝給我一顆與眾不同的腦袋，讓我天天思考這些事情，這樣是對的嗎？我從小到大都在質疑。就像哥哥最近終於承認我是對的一樣，這句話雖然來得很晚，但幸好我沒在等，要不然我早就一頭撞死了。所以，人生在世，到底是知「道」，還是不知「道」呢？這個問題的答案是什麼？「道」是有名有姓的，不是虛擬人物，不是童話，不是希臘羅馬神話。在人類歷史的長河中，真有耶穌的存在，祂真真實實地來到人間，與我們同在。你真的了解你該相信的是什麼嗎？你要是相信吃藥會好，我也無法攔阻你；所有的決定，都是你自己要負責的。我雖然提出逆轉慢性病的逆轉之道，但這是上帝藉由《聖經》告訴我的真理，一點一滴的啟示。

Discover 不是發現，而是掀開

所以在諮詢的時候，我常常會用一杯咖啡掀開杯蓋來比喻。發現或探索

的英文單字是 discover，例如 Discovery 探索頻道。但我認為發現或探索其實不是最好的翻譯，應該是「掀開」才貼合字義。本來 cover 住的東西，被掀開的動作就是 discover，逆轉之道就是上帝掀開給我看到的，不然我自己哪有能力掀開這個蓋子？更何況蓋子（學說）那麼多，要掀開哪個才是真理？這只有上帝能做到，祂將我拎到跟前，掀開蓋子的一角讓我看見，我就是這樣發現逆轉之道的。所以，史上最有名最偉大的科學家，毫不意外的都是基督徒，例如牛頓、愛因斯坦和愛迪生。上帝都會掀開蓋子讓他們瞧上一眼，於是他們發現了別人發現不了的東西，這都和真理有極大的關係。

「道」的本身就是耶穌基督，舉例來說，你知道「學術」這個字的拉丁文是什麼嗎？例如我們在討論的生物學，寫作 Biology，字根 Bio 就是生命，而字尾的 logy，就是道；而道就是神，指的就是 logos。所以世間所有的學說，都來自神，因此你會發現所有的學說都以 logy 作為字尾。而且，世界上所有大學的起源，第一個學院科系就是神學 Theology，Theo 的字根就是神。就像哈佛和耶魯這些世界名校，一開始都只有神學院。只有先認識了「神」，才會認識「道」，才會知道道理，道和真理。往下讀〈約翰福音〉，我們知曉：「道成了肉身，住在我們中間，充充滿滿的有恩典有真理。我們也見過他的榮光，正是父獨生子的榮光。」道成肉身，講的正是耶穌，也只有祂才符合這個條件。

所有的學問，都來自神，人類看不見神，神就以「道成肉身」，讓人們看見，並且住在我們中間，充滿恩典和真理。〈約翰福音〉之所以偉大，就在於解釋了這些問題。所以我具有一雙辨識真偽，令邪門歪道無所遁形的火眼金睛。許多的似是而非，其實都是假的，有些人會問我：「你怎麼這麼狂？知道什麼才是真理？」好啊，那來證實一下啊，你說吃藥比較好，我說不吃藥才是對的，你說吃藥能控制，我說吃藥只是走上死路。這些都相互牴觸，既然如此，又怎能握手言和？上擂台比出高下吧，要比什麼？當我說吃藥是假的時候，就要提出證明我是逆轉之道是真的。

面對真理，只有相信接受，或不信拒絕

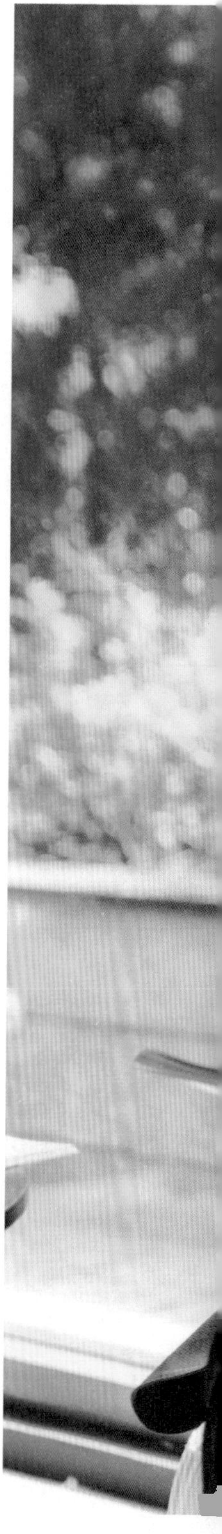

逆轉的試金石

「信心」是逆轉的試金石，耶穌說過「信」分成四個層次，祂以種子落在四種土裡為比喻：第一種是撒在路邊；路邊土淺，還沒發芽生根，就被飛鳥吃掉。剛開始看起來有，但最後沒有，比喻剛信但後來不信的人。第二種是落在石頭上，長不出任何東西，比喻根本不信的人。第三種則是撒在荊棘裡，養份都被吸收掉，這也長不出任何東西。荊棘比喻俗世的思慮，信了耶穌就不能做這做那，所以還是沒信。最後一種是好土，落在好土，可以成長順利，豐收三十倍、六十倍，或一百倍不等；好土就是比喻信心堅定的人。各種人都有，各種信心也有。開始信，不代表會信到最後。很多人剛開始知道逆轉之道，覺得太棒了，可是後來又信不下去。一開始接受真理，後來又背離真理。有時候還會反過來怪我，認為我欺騙他。其實我也不喜歡因為逆轉成功，而被人說我是神醫的狀況，壓力挺大的。一開始成功，但後來沒好好維持鐵三角，狀況變壞了，又要來怪我。我從未自詡為神醫，我這套是上帝給我的金鑰匙。

所以面對真理時，你只有相信接受，或是不信拒絕。只有這兩個選擇，沒有別的，沒有灰色地帶。暫時不能接受，就是不信拒絕。就像我告訴你少吃幾餐，多濫跑，不吃藥，改吃營養處方，你就能逆轉。若回答：「我現在還不行。」或是「我暫時不這樣做。」這就是拒絕，你還是選擇了吃藥。是啊，有健保很方便，拿藥也很方便。既然無法接受我的逆轉之道，轉身離開，還是走上吃藥的道路，不會有任何人阻止你，要吃多少的藥，都是你的決定。反正吃藥這條路又寬又直，走的人很多，你並不孤獨。

如果你對安全有疑慮，我沒有意見，我從不強迫任何人做任何事，當然包括接受逆轉之道。可是，若逆轉是真理，它不用強迫你，也不用哀求你接受。相信與否，是無法勉強的，講得再用力都沒用，不是比聲音，人多聲音大就是對的。有些人在我面前表現出相信的樣子，可是轉身離開後呢？還是不相信，這也沒有用。所以「道」太重要了，耶穌既然是真理，那也就是真道。

有一艘很特別的福音船，環遊全世界傳福音，賣各種版本的《聖經》，就叫做「真道號」（MV Logos），各國基督徒都會到船上遊覽，包括台灣的基督徒。你可以定位搜尋這船現在到了哪個國家，有時候會到基隆港，可以去參觀。所以「真道」是有形有體有位格的，位格是人才有的，這人就是耶穌。所以一直以來，我們面對的只有真理；不管信的神拜的神再多，都沒有用，真理只有一個。就像我不過農曆新年一樣，年獸年獸，年是一頭野獸，而獸是撒旦的化身，我們可以從〈啟示錄〉看見這頭獸在地上掌權的黑暗勢力，所以我當然不過年，不拜年。我只敬拜耶穌基督，可惜仍有很多人看不出來背後的黑暗勢力，過年期間廟宇香火鼎盛，都是獸的控制。所以過年是異教的宗教活動，身為基督徒，對我來說，過年只是一個寫書和思考的假期。

現代醫學看神蹟？

因為我知道什麼是真道，我知道真理在哪裡，只在道成肉身的耶穌基督身上。很多人誤會耶穌是外國的神，是西方的宗教。其實錯了，整個宇宙都是上帝的，只是在人類歷史上，祂以以色列人的身份降生，而以色列在亞洲，所以哪裡是西方人的宗教？我的逆轉之道和真理密不可分，因為耶穌是最大的醫生。有幾件事情都和醫學有關，九零年代有科學家發現了幹細胞，但耶穌在祂的時代就有幹細胞了，祂以不同的手法醫好兩個瞎子。第一個手法是用祂的唾沫混合泥土，抹在眼睛上，令瞎子重獲光明。第二個手法是祂用唾沫，直接抹在瞎子的角膜上，也令他重獲光明。唾沫裡面就有幹細胞，所以現代醫學，可將唾沫中的幹細胞，植入視網膜，恢復百分之五十的視力。雖然只有一半，但已經非常足夠。很難想像吧，兩千年前的「神蹟」已被現代醫學證實。

幹細胞是後人發現的嗎？不，耶穌是真理，祂早就被記錄在《聖經》裡面。而發現幹細胞植入視網膜的科學家，靈感必定來自《聖經》，所以我才說，讀《聖經》，會讓人 discover 一些東西。還有另一個事件，在舊約中，有一個先知名叫約拿，上帝要他去尼尼微大城傳令，因為此城的人民犯罪，要他們悔改。但約拿不喜歡尼尼微人，就違背上帝的意思。上帝要他往東，他偏偏往西。約拿為了逃避上帝的旨意，出海逃到他施。一出了海，便風浪大作，水手們驚嚇不已，約拿說是因為自己違背上帝旨意，只要把他丟進海裡，就會風平浪靜。果不其然，當約拿墜海的那刻，風平浪靜。

上帝為了救約拿，安排一條大魚，將他吞入肚裡，保住約拿的生命。後來，過了三天，大魚才將約拿吐回岸上。同樣的故事發生在澳洲，有個潛水客，被鯨魚吞入肚裡，驚嚇之餘，把氧氣桶打開，將魚腹撐滿了氣，鯨魚就把他吐了出來，這不就是現代的約拿嗎？而上帝正是讓大魚腹脹，才將約拿吐了出來。後來，因為這件事情，這位潛水客，信了上帝，並驚嘆約拿的神蹟發生在自己身上。幾千年就發生過的事情，不要大驚小怪，只是你沒有讀過《聖經》罷了。我就是天天讀《聖經》，才得以發現逆轉之道。

疾病逆轉和
相信與否
息息相關

我認為逆轉之道取決於相信與否，換言之，只有當你相信，逆轉才會發生。在我諮詢經驗中，若不相信，那麼我再厲害，也沒用。我所講的東西很簡單，如果你簡簡單單的相信，那麼你也會簡簡單單的逆轉。但若是想得太多，還是想著問其他的醫生，就沒有用。醫生很多，隨便你問，可是只有我有逆轉之道。我從來不怕別人發問，我都願意回答。如果你決定採取多數醫生的意見，那就算了吧，問再多醫生都一樣。

反正他們都會叫你吃藥，聽起來輕鬆省事。那你就去吧。我認為問問題的動機在於是因為你想知道「真道」，還是你心存質疑，這是兩件事情，有不同的結果。當然，我不怕任何人驗證，這也就是我常說的，不是每個人都能逆轉。不相信，就不會去做，就不會專心致意的去實踐，也不會全然接受，那還要談後面的規劃和逆轉嗎？你不會少吃幾餐，你依舊三餐點心加宵夜，吃好吃滿。你不會濫跑，你只會找盡各種理由，阻止自己穿上跑鞋出門去。

越簡單越困難，越相信越蒙福

反觀吃藥呢？不用任何理由，倒杯水，嘴巴張開，咕嚕咕嚕就吞下去了，真是輕鬆愜意呀！我就是那唯一一個告訴你不要吃藥的人，這兩套說法完全牴觸。所以你只能運用你的信心，看到底要相信哪一套？很多人吃藥吃到怕，可是來找我諮詢的時候，還是無法相信我。有些人會質疑：「真的就這麼簡單嗎？」，或是「就這樣逆轉？可是我的醫生卻說這樣不會逆轉。」有時候你會覺得是不是因為太簡單，所以不可能？其實不然，一個禮拜只吃七餐，你可以嗎？一個禮拜跑七十公里，你可以嗎？你如果可以，那對你來說當然簡單，反之亦然。

是的，就這樣簡單，那你願意做嗎？這個時候和聽不聽得懂已經沒有關係了，而是在於你相信不相信。所以如果你沒有讀過《聖經》，你不相信耶穌，你真的不知道什麼是信心。沒讀過《聖經》的人總說「眼見為憑」，要先看到才會相信；其實不然，你必須先相信了，才會看到。就像以色列人出埃及時，必須經過紅海，上帝要他們走下去，以色列人不會說：「上帝啊，祢先把紅海分開，我們看到以後才會踏出第一步。」絕對不是這個順序，而是他們完全相信，先走下去，紅海才在眼前分開。

如果是你，在後有追兵的狀況下，你會如何選擇？如果不信，不先踏出第一步，就會死在海邊。只有踏出充滿信心的第一步，紅海才分開。上帝不會先把紅海分開，軟言軟語地勸說你走下去。祂只預備給全然相信祂的子民。當然，不是只有分開紅海這件事。後來還有約書亞等人進入流著奶與蜜的迦南美地時，必先經過的約旦河。當祭司扛著沉重的約櫃，來到約旦河前時，也是先踩出第一步，河水才像當年的紅海那樣，只為了有信心的人分開。只要有一點點的遲疑，沒有全然的信心，河水就不會分開。信心就是這樣一回事，你不先全然的相信，踩出第一步，事情就不會發生。不要自以為是，覺得拜完什麼之後，就會一路順遂，平平安安。這對我來說，這是絕對的，沒有任何相對，沒有遲疑。若你抱持著吃點藥的同時，也來逆轉看看的心態。我可以很直接的告訴你，這樣的心態，什麼改變都不會發生。選一，就不能選二，哪有吃了藥，還會逆轉？雖然人生有很多選擇，也都可以隨時回頭，但那是你要的嗎？一直做錯選擇，然後後悔，人生就是這樣耗損的。

人是會討價還價的，但人生無法討價還價。所以有些人會說：「劉醫師，你怎麼這麼霸道，不講理。」抱歉，真理是沒得商量的，也不容你有商量的餘地。真理就是這麼直接，這麼霸道。若真理可以商量，那也不足採信了。我在諮詢時從不拜託任何人，不需要，也沒有必要。很多人會勸我：「好好講，不要那麼尖銳，不要那麼絕對好不好？」依舊抱歉，真理就是絕對的，你怎能要我說出不絕對的話？你要我講成相對，我真的做不到，你還是另請高明吧。甚至我會這麼告訴你，真理就是這麼不講理，有路走路，沒路輾過去。當然有人覺得我在硬拗，錯了，真理是不用硬拗的，反而越辯越明。我可以接受辯論，本來就是得分出個高下。

認知的四個層次

講了這些，你或許會覺得宗教和醫學是兩碼子事，不可同一而論。但對我而言，這是同一件事情，無法分開。因為真道就是如此，而所有的學問都來自上帝。講得再多，都回到上帝，都指向上帝。例如心理學的單字是Psychology，前面提過字根字尾的概念，心理也是上帝所創造的，難不成你可以憑空生出腦袋，沒有任何的心理活動？搞不清楚人的心理為什麼如此複雜，還是要回到上帝，回到真道，讓祂告訴你為什麼有這麼複雜的事情，畢竟你的腦是祂創造的。不同的學說，源頭都是上帝，難道人類這麼偉大，可以憑空創造這一切？自以為什麼都懂，自以為無所不能，所以亂象層出不窮，人活於世，卻不知「道」。

認知有四個層次：不知道自己不知道、知道自己不知道、知道自己知道，以及極致的認知。百分之八十五的人，屬於「不知道自己不知道」，不學習，認為自己沒有問題，也不會尋求答案，更別提要這些人思考了。必須注意的是，這個時代有許多「專家」，也都是這樣的人，他們是騙子，自己都搞不定，還想搞定別人，不是很可笑嗎？瞎子領瞎子，誤導人跌入坑裡，或是繞圈打轉，沒有結果。

來到第二個層次，稍微好一點了，因為他們知道自己並不知道，所以願意學習，也懂得謙卑，因為他知道自己的無知，知道自己有問題，這些人願意尋求答案。再好一點，進入第三個層次，因為開始學習與思考，所以獲得一點點知道，開始知道自己知道什麼，以及還有什麼不知道的部份，是可以繼續學習，讓它變成知道。這個層次的人又更少了，他們是真正的，追求真道的人。可是既然追求真道，那就要追求到底，否則不是很可惜嗎？

終於追求到底的那些極少數人，就會來到最頂端的層次，因此獲得極致的認知，英文稱作 Ultimate Insight，可翻作「極致的洞見」。我的逆轉之道就是如此悟出的，來到最頂端的至尊般的層次。不過，你也因此會變成一個「可怕」的人，因為你具備了洞見的慧眼，極致的分辨力，什麼人事物都逃不過你的眼睛，沒有任何人可以挑到你的毛病，無懈可擊，只有你能糾舉弊端。人生在世，不就追求這樣難得的能力嗎？只有來到最後的層次，你才立於不敗之地。否則人家隨便問：「你怎麼知道你是對的？」不就無法證明。這張圖檔是分析特斯拉的老闆伊隆馬斯克（Elon Musk）時提出的理論，馬斯克已經到達最頂端的極致認知。這樣的人是我學習的對象，可以當成我的偶像。美國太空探索科技公司 SpaceX 的獵鷹重型火箭，順利發射升空，將馬斯克的特斯拉敞篷跑車送入太空。能有這樣的成就，正因為他知道自己已經來到終極的層次。

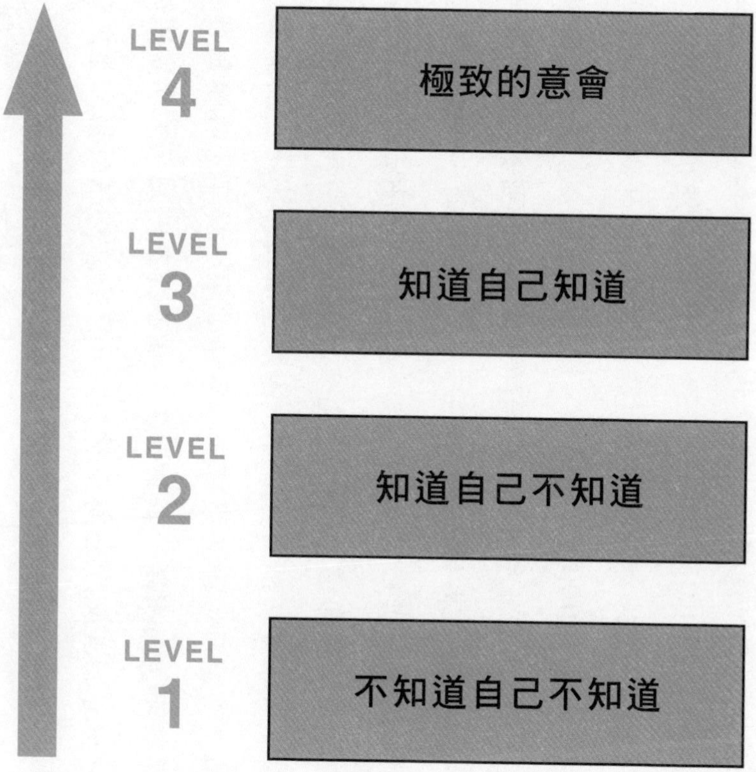
LEVEL 4
極致的意會
LEVEL 3
知道自己知道
LEVEL 2
知道自己不知道
LEVEL 1
不知道自己不知道

人的四種認知狀態

珍惜並善用你的「他連得」

所以我的逆轉之道也是如此，我不斷研究如何達到刀槍不入的地步。想踢館，想挑戰的人，只會自討沒趣，自取其辱。每天我都保持著極高的求知慾，都想要再多發現什麼，讓我多從上帝掀開的蓋子中看見什麼。每天都很興奮，並且期待，每天都有新的收穫。因為你有這樣的心，上帝就會給你，〈馬太福音十三之十二〉有云：「凡有的，還要加給他，叫他有餘。凡沒有的，連他所有的，也要奪去。」很有趣吧，對於某些人來說，連所有的也要奪去。而已經有了，還要再加。上帝對人不公平嗎？並不是，是因為每個人善用天賦的程度不同，上帝會按此安排。若你不善用天賦，上帝就會收回。

這就是所謂的「他連得」理論，他連得（Talent）是希伯來人用來表示重量和金錢價值的最大單位，其實指的就是才幹和天賦。一樣是〈馬太福音〉的故事，有三個人分別獲得了五千兩、二千兩和一千兩的他連得。這是按著三人不同的才幹，所給的投資。五千的拿去做生意，賺了五千，證明果然有才幹，投資的眼光是對的。二千的，也賺了兩千，有發揮能力，還不錯，投資的眼光也還可以。只有那獲得一千的，將他連得埋入地下，完全沒有任何增長。〈馬太福音〉這樣記載他的說詞：「主啊，我知道你是忍心的人，沒有種的地方要收割，沒有散的地方要聚斂，我就害怕，去把你的一千銀子埋藏在地裡。請看，你的原銀子在這裡。」主如此回答：「你這又惡又懶的僕人，你既知道我沒有種的地方要收割，沒有散的地方要聚斂，就當把我的銀子放給兌換銀錢的人，到我來的時候，可以連本帶利收回。」所以做了懲罰：「奪過他這一千來，給那有一萬的。因為凡有的，還要加給他，叫他有餘；沒有的，連他所有的也要奪過來。」這就是著名的「他連得」理論。

不珍惜才幹天賦、荒廢浪費的，上帝就要收回；把收回的他連得給能夠珍惜並且發揮的人。我很怕自己是那個有一千他連得的人，所以我非常努力要成為那個有一萬他連得的人。這就要憑藉著特斯拉的老闆，馬斯克的四個層次的階梯往上爬。從謙卑的「知道自己不知道」開始，往真道前進。如同〈箴言三之七〉，被我奉為圭臬：「不要自以為有智慧；要敬畏耶和華，遠離惡事。」因為敬畏耶和華是智慧的開端，你不懂沒關係，但千萬不要自以為懂，自以為有智慧。憑著敬畏耶和華，祂就會讓你知道你的不足。我從《聖經》理解到智慧（wisdom）和聰明不同；聰明是 understanding，但當聰明加上正直（integrity），遠離惡事，才是智慧。所以智慧可以視作「有道德的聰明」，若聰明用在不道德的地方，那是邪惡，不是智慧。可是現在的人並不清楚，不知「道」，他們認為這並不絕對。可是，這明明就是絕對。真理的重要性，可以見得。可是真理只能相信或不相信，不能用數據分析，得用信心接納。

為什麼我要講這些？因為我常常在諮詢的時候充滿無力感，太多人聽不懂，只一味的要我開營養處方，但是他們不相信這和信心有極大的關係。我用個簡單的解釋來說明吧！大家都知道「安慰劑作用」，你相信我，就算給的是生理食鹽水，也還是有效；若不相信我，我給的是仙丹，也無效。這是醫學上證明的理論，有效在於信心。信心是很形而上的，所以我給的逆轉方案，絕對不只是營養處方，雖然我的營養處方逆轉了無數個糖尿病和慢性病，可是我不希望你用這樣的態度去面對。

三位一體，不可或缺

不想禁食，不想跑步，只想吃營養處方，這只是變相的吃藥。我的鐵三角有點像三位一體，不能只信上帝，而不信耶穌和聖靈。三者不能缺一，不能按你自己的意思去做。一加一加一，會大於三，可是拆解後，卻不是三分之一的效果，搞不好完全無效。無效，你不能怨我怪我，我早已經告訴你了。雖然，來抱怨的人還是有，開口仍質疑我的逆轉之道。當我詢問是否缺了什麼沒做到，卻又主張自己是「顧客」……奧客文化就是這樣來的，總認為自己永遠是對的，認為付錢的就是大爺。所以我最近的心得是：不是每個顧客都是對的。

「顧客永遠是對的。」這句話講了那麼久，害了多少人？這不是真理，難道沒人想過真的有這回事嗎？恰好相反，顧客幾乎都是錯的。怎麼會大轉彎呢？因為它原來就不是真理。然而現在有多少咖啡廳奉行這一套？我最近在社群網站上看到一個新的例子，來勢洶洶的美國連鎖咖啡廳，其中一條準則就是：「顧客不永遠都是對的。」所以一開始你要懂得分辨真理。我已經提出吃藥一定無法逆轉的理論，這本來就是真理，不是因為我的主張，其實我也只是發現者。就像約拿的事情，早就發生；眼睛的幹細胞療法，耶穌早就治好兩個瞎子，我也不是第一個發現的，只是我將它說了出來。

所以，現在所有的逆轉成功案例，都是全然相信的人，無一例外。若是在相信上面打了一點折扣，結果會完全不同，不會是你想要的。所以，逆轉也像淘金，幾千萬人聽了我的演講，幾百萬人看我的書，幾萬人讀了書也諮詢過，幾千人接受我的這套理論，但逆轉的人數就像黃金一樣珍貴。其實這就是真理，關鍵的少數往往贏過盲從的多數。那些自以為知道，或是不知道自己不知道的人，太多了，並且具有排他性。真理就是這樣，不管你喜不喜歡，它就是真理。沒有人可以超越真理，所以你只能相信，並且接受。你以為你的社經地位高，就很偉大嗎？你以為你高官厚祿，事業有成，很偉大嗎？在我看來，都一樣，在真理面前，都只是渺小的人。那些社經地位高、高官厚祿、事業有成的人，比一般人更害怕失去，若是他們「知道自己不知道」，就不會這樣自以為偉大了。

很多人看到我讀《聖經》，就會告訴我，他也是基督徒。可是差異在於，同樣是基督徒，不見得就知道真理。或許我們的信仰和語言一樣，但不讀《聖經》，不咀嚼思考，也是枉然。就算每個週日都做禮拜，但離真理還是很遠，還是不知道自己不知道。因為百分之八十五的人都是如此，太多了。所以我永遠不會盲目跟隨大眾，我寧可小眾，因為本來就這麼少。只是我獲得了逆轉之道，我想分享給更多人罷了。連我這樣的人都能逆轉，更何況是你？我更不怕挑戰，我已經有豐厚的，黃金般的逆轉實例，足以證明真理的可貴和重要。

【渠成文化】Pretty life 009

逆轉 —— 由不得你不信！

作　　者　劉乂鳴
圖書策劃　匠心文創
發 行 人　張文豪
出版總監　柯延婷
執行主編　馮瑀珊
編審校對　蔡青容
封面攝影　Zakary Belamy
內頁攝影　黑王攝影
內頁梳化　林宥彤造型工作室
特別感謝　攝影場地提供　合登上豪
封面協力　L.MIU Design
內頁編排　邱惠儀
E-mail　cxwc0801@gmail.com
網　　址　https://www.facebook.com/CXWC0801
總 代 理　旭昇圖書有限公司
地　　址　新北市中和區中山路二段 352 號 2 樓
電　　話　02-2245-1480（代表號）
印　　製　鴻霖印刷傳媒股份有限公司
定　　價　新台幣 450 元
初版一刷　2019 年 7 月

ISBN 978-986-97513-4-6

國家圖書館出版品預行編目（CIP）資料

逆轉：由不得你不信！ / 劉乂鳴 著. -- 初版. -- 臺北市：匠心文化創意行銷, 2019.07
面；　公分. -- (Pretty life ; 009)
ISBN 978-986-97513-4-6（平裝）

1.劉乂鳴 2.臺灣傳記 3.自我實現

177.2　　108010380